广东省教育研究院李海东副院长对项目做研制指导

广东省教育研究院职业教育研究室杜怡萍副主任做项目研制指导

顺德职业技术学院、广州市海珠商务职业学校广告设计与制作专业中高职衔接专业教学标准和课程标准项目会议

顺德职业技术学院、广州市海珠商务职业学校广告设计与制作专业中高职衔接专业教学标准和课程标准项目会议

调研工作任务安排小组会议

企业负责人调研

企业毕业生调研（一）

企业毕业生调研（二）

项目组会议

广告设计与制作专业职业能力分析行业专家研讨会（一）

广告设计与制作专业职业能力分析行业专家研讨会（二）

广告设计与制作专业职业能力分析行业专家研讨会（三）

现代职业教育标准体系建设系列丛书

# 中高职衔接专业教学标准和课程标准：

## 美术设计与制作专业（中职）
## 广告设计与制作专业（高职）

广东省教育厅　编
广东省教育研究院

**丛书编委会**

主　　　　任：邢　锋
副　主　　任：汤贞敏　吴艳玲
编　委　会　成　员（排名不分先后）：
　　　　　　　王魏锋　张家俊　李海东　杜怡萍
　　　　　　　邓文辉　黄文伟　万　达
本书执行主编：廖荣盛　钟卓丽　杜怡萍
本书编委会成员（排名不分先后）：
　　　　　　　蔡　蕾　吕　波　李蓟宁　刘小洪
　　　　　　　周　昊　肖文婷　卢迅凡　张　燕
　　　　　　　卢小鸣　陈在伟　席海强　余春桂
　　　　　　　梁宪宗

广东高等教育出版社
Guangdong Higher Education Press
·广州·

### 图书在版编目（CIP）数据

中高职衔接专业教学标准和课程标准. 美术设计与制作专业. 中职 广告设计与制作专业. 高职 / 广东省教育厅，广东省教育研究院编. —广州：广东高等教育出版社，2019.11

（现代职业教育标准体系建设系列丛书）

ISBN 978-7-5361-6356-0

Ⅰ.①中…　Ⅱ.①广…②广…　Ⅲ.①美术-职业教育-教学参考资料②广告-职业教育-教学参考资料　Ⅳ.①G719.2

中国版本图书馆 CIP 数据核字（2018）第 277504 号

| | |
|---|---|
| 出版发行 | 广东高等教育出版社 |
| | 地址：广州市天河区林和西横路 |
| | 邮政编码：510500　电话：(020) 87551597　38493773 |
| | http://www.gdgjs.com.cn |
| 印　刷 | 佛山市浩文彩色印刷有限公司 |
| 开　本 | 787 毫米×1 092 毫米　1/16 |
| 印　张 | 14.5 |
| 插　页 | 2 |
| 字　数 | 340 千 |
| 版　次 | 2019 年 11 月第 1 版 |
| 印　次 | 2019 年 11 月第 1 次印刷 |
| 定　价 | 39.00 元 |

# 序

2016年12月，教育部部长陈宝生在现代职业教育发展推进会上提出，职业教育要"香""亮""忙""强""活""特"起来，加快推进职业教育现代化。"亮不亮，看质量"，职业教育"亮"起来，更多体现在职业教育质量上，而标准是质量的基础、依据与保证，是确保和提升我国职业教育质量水平所必需的。科学建立现代职业教育系列标准是擦亮职业教育品牌的关键，也是广东实施教育发展"十三五"规划、创建现代职业教育综合改革试点省、加快建设现代职业教育体系的重点领域和关键环节，其中中高职衔接的专业教学标准和课程标准研制更是重中之重。这是由于现代职业教育改革发展的突破口之一在于研制中高职衔接专业教学标准和课程标准，实现相关专业中职、高职、应用型本科在技术技能型、应用型人才培养的目标、课程体系、教材体系、教学安排、评价等方面有机衔接。而标准研制是一项富有挑战性的工作，难度极大。值得欣慰的是，广东职业教育工作者通过长期的学习借鉴和创造实践，形成了"能力核心、系统培养"的理念，按照设计框架、构建标准、分级培养、衔接贯通的思路，找到了中职、高职、应用型本科衔接的可行路径与科学方法。专业教学标准和课程标准作为相关专业中职、高职、应用型本科衔接的教学基本文件，是明确各层次培养目标和规格、加强专业建设、构建课程体系、开发教材和学习资源、组织实施教学和规范教学管理的基本依据，是评估教育教学质量的主要标尺，成为社会用人单位选用职业院校毕业生的重要参考。基于这样的认识和判断，广东省教育厅一直高度重视这项工作。

2013—2015年，广东省教育厅分别启动三批74个中高职衔接、高职本科衔接以及现代学徒制的专业教学标准和课程标准研制，第一批9个专业的中高职衔接专业教学标准和课程标准研制项目已于2015年完成，成果已出版，取得了很好的效果。第二批33个项目，在广东省教育研究院的组织指导下，在中职学校、高职院校、应用型本科院校和行业企业的共同努力下，经过两年的研制，也取得了喜人的工作成绩和丰硕的研制成果，其中30个项目成果于2017年3月通过了省级验收。现在展现在读者面前的是第二批30个项目组研制系列中高职衔接、高职本科衔接专业教学标准和课程标准。我由衷地为研制标准而付出辛勤劳动、取得显著成绩的各有关方面特别是直接参与研制的全体工作人员点赞。我期望，各职业院校和各行各业能认真学习领会、积极贯彻实施标准成果，在参照执行过程中多提建设性意见和建议，共同完善标准，为推进建立健全广东现代职业教育标准体系做出应有贡献，为创建现代职业教育综合改革试点省添砖加瓦！

是为序。

广东省教育研究院
院长、党委书记

2017年3月29日

# 前　　言

　　随着我国经济的持续发展、产业结构升级和经济发展模式转型的不断深化，社会对职业教育提出了更高的要求。中高职衔接专业教学标准和课程标准是构建现代职业教育体系、增强职业教育支撑产业发展的能力、实现职业教育科学发展的关键。2013年，广东省教育厅启动了中高职衔接专业教学标准和课程标准的研制工作，委托广东省教育研究院负责项目的组织和协调。通过竞争性招标，由顺德职业技术学院、广州市海珠商务职业学校、广州市盛初广告有限公司组成的项目组顺利获得了广东省教育厅第二批中高职衔接专业标准和课程标准研制项目立项，并承担广告设计与制作专业教学标准和课程标准的研制任务。

　　专业教学标准研制项目组首先开展了扎实而广泛的行业企业、中高职院校、毕业生及在校生的调查与分析，然后邀请行业企业专家开展了系统的职业能力分析，在此基础上邀请了来自全省知名的中职、高职院校的广告设计专业教育专家召开研讨会，将工作领域的项目转化为学习领域的课程，确定了广告设计专业中高职衔接人才培养的目标定位，建构了中高职衔接的广告设计与制作专业的课程体系，从而完成了中高职衔接广告设计与制作专业教学标准的编制。

　　课程标准研制是项目组根据专业教学标准所确立的中职、高职专业核心课程和专业方向课程，组织省内6所中职学校的专业教师、5所高职院校的20位专业教师和6家广告设计类企业的12位行业企业专家，组成了16个课程标准编写团队，每个编写团队由2位专业教师和1位行业企业专家组成，共完成了26门课程的标准编制。课程标准编写团队根据教学标准所确定的课程内容与要求以及课程的学时数，以岗位工作任务为主线，以市场实际案例作为课程的教学载体，以岗位职业能力要求为依据。课程教学设计由多个项目组成，项目之间的设计采用由浅入深、循序渐进的教学模式。以项目驱动任务，以实际任务为主线展开教学活动，教学过程以学生为主体、以教师为主导，让学生在完成项目制作的同时学习相关的知识点，充分体现"做中学、学中做"的职业教学理念。教学评价充分考虑职业教育的特点，注重过程考核，采用项目考核与综合考核相结合的方式进行。

本项目研制工作是在广东省教育厅职业教育与终身教育处的领导下，在广东省教育研究院的精心指导下完成的，通过项目组成员的共同努力，在兄弟院校同行和行业企业专家的大力支持下，中高职衔接广告设计与制作专业教学标准和课程标准研制项目组完成了预期的目标，取得了丰硕的成果。在此，我们项目组对给予本项目研制工作支持和帮助的领导和专家表示衷心的感谢！对积极参与标准研制工作的全体同仁表示崇高的敬意！

由于研制时间紧，项目组成员水平有限，本书难免有疏漏，敬请批评指正。

中高职衔接广告设计与制作<br>
专业教学标准和课程标准研制项目组<br>
2019 年 10 月于广州

# 目　录

## 上篇　中高职衔接美术设计与制作专业—广告设计与制作专业教学标准

一、专业名称及代码 …………………………………………………………（ 1 ）
二、招生对象 …………………………………………………………………（ 1 ）
三、基本学制与学历 …………………………………………………………（ 1 ）
四、培养目标 …………………………………………………………………（ 1 ）
五、职业范围 …………………………………………………………………（ 2 ）
六、人才规格 …………………………………………………………………（ 4 ）
七、典型工作任务及职业能力分析 …………………………………………（ 4 ）
八、课程结构 …………………………………………………………………（ 5 ）
九、课程内容及要求 …………………………………………………………（ 7 ）
十、教学安排 …………………………………………………………………（ 19 ）
十一、教学基本条件 …………………………………………………………（ 22 ）
十二、教学实施建议 …………………………………………………………（ 24 ）
十三、开发团队 ………………………………………………………………（ 25 ）

## 下篇　中高职衔接美术设计与制作专业—广告设计与制作专业课程标准

中职学段：素描课程标准 ……………………………………………………（ 28 ）
中职学段：色彩课程标准 ……………………………………………………（ 34 ）
中职学段：设计基础课程标准 ………………………………………………（ 39 ）
中职学段：图形图像制作课程标准 …………………………………………（ 45 ）
中职学段：计算机辅助设计课程标准 ………………………………………（ 52 ）
中职学段：摄影基础课程标准 ………………………………………………（ 59 ）
中职学段：字体设计课程标准 ………………………………………………（ 65 ）
中职学段：图形设计课程标准 ………………………………………………（ 71 ）

中职学段：标志设计课程标准 ……………………………………………………（77）
中职学段：版式设计课程标准 ……………………………………………………（82）
中职学段：广告制作课程标准 ……………………………………………………（88）
中职学段：插画课程标准 …………………………………………………………（95）
中职学段：网店装修课程标准 ……………………………………………………（101）
中职学段：综合设计课程标准 ……………………………………………………（108）
中职学段：广告客户服务方向项目实训课程标准 ………………………………（114）
高职学段：商业摄影课程标准 ……………………………………………………（121）
高职学段：广告策划与文案课程标准 ……………………………………………（126）
高职学段：VI设计课程标准 ………………………………………………………（132）
高职学段：广告设计课程标准 ……………………………………………………（138）
高职学段：宣传品设计（含印刷）课程标准 ……………………………………（148）
高职学段：UI设计课程标准 ………………………………………………………（155）
高职学段：包装设计课程标准 ……………………………………………………（161）
高职学段：网页设计课程标准 ……………………………………………………（167）
高职学段：新媒体广告课程标准 …………………………………………………（174）
高职学段：品牌推广课程标准 ……………………………………………………（180）
高职学段：广告策划方向项目实训课程标准 ……………………………………（186）
高职学段：广告客户服务方向项目实训课程标准 ………………………………（192）

# 附　录

1. 美术设计与制作专业—广告设计与制作专业职业能力分析表……………（198）
2. 项目结题证书 ………………………………………………………………（221）

# 上 篇
# 中高职衔接美术设计与制作专业—— 广告设计与制作专业教学标准

## 一、专业名称及代码

中职学段：美术设计与制作（视觉传达）（专业代码：142200）。
高职学段：广告设计与制作（专业代码：650103）。

## 二、招生对象

中职学段：初中毕业生及同等学力者。
高职学段：转段考核合格的中职学校美术设计与制作（视觉传达）等相应专业的正式学籍学生。

## 三、基本学制与学历

### （一）学制

中高职衔接（"3+2"学制）：中职学段3年，高职学段2年。

### （二）学历

中职学段学习合格取得中职教育学历，高职学段学习合格取得专科学历。

## 四、培养目标

### （一）中职学段培养目标

本专业培养与我国社会主义现代化建设要求相适应，德智体美劳全面发展，面向广告设计行业和企事业单位的宣传部门，能够从事设计制作、美工及客户服务等岗位工作，具备良好的职业道德和团队精神及审美素养，能运用广告行业常用的设计软件，具有基本的设计制作能力、沟通能力及自主学习能力，工作在生产、建设、服务、管理第一线的初、中级技能型人才。

### （二）高职学段培养目标

本专业培养与我国社会主义现代化建设要求相适应，德智体美劳全面发展，面向广告设计行业和企事业单位的宣传部门，从事广告设计、策划、制作、文案及客户服务等岗位工作，具备良好的职业道德、团队合作精神及现代设计审美素养，具有广告设计、策划、制作和创新能力，以及沟通能力和自主学习能力，工作在生产、建设、服务、管理第一线的发展型、复合型、创新型的高级技术技能人才。

## 五、职业范围

### （一）职业生涯发展路径（见表1-1）

表1-1 美术设计与制作专业—广告设计与制作专业职业生涯发展路径

| 发展阶段 | 就业岗位 | | | | 学历层次 | 发展年限 | |
| --- | --- | --- | --- | --- | --- | --- | --- |
| | 设计 | 策划 | 文案 | 客户服务 | | 中职 | 高职 |
| Ⅴ | 创意总监 | 策划总监 | 创意副总监 | 客户总监 | 中职/高职 | | >8年 |
| Ⅳ | 美术指导 | 策划专员 | 文案指导 | 客户经理 | 中职/高职 | 7~9年 | 5~7年 |
| Ⅲ | 资深设计师 | 资深策划 | 资深文案 | 高级客户执行 | 中职/高职 | 5~7年 | 3~5年 |
| Ⅱ | 设计师 | 策划师 | 文案师 | 客户执行 | 中职/高职 | 3~5年 | 1~3年 |
| Ⅰ | 设计师助理（美工） | 策划助理 | 文案助理 | 助理客户执行 | 中职 | 1~3年 | |

注：（1）"发展阶段"应依据国家、行业、企业的有关规定以及调查分析确定，将职业发展分为若干个阶段，阶段数量因各专业的具体情况而不同。（2）"就业岗位"的分类仅供参考，各专业可以自行分类。（3）"学历层次"只是要明确中职、高职对应的层次。

### （二）中职学段面向职业范围（见表1-2）

表1-2 美术设计与制作专业中职学段面向职业范围

| 序号 | 对应职业（岗位） | 专业（技能）方向 | 职业资格证书举例 |
| --- | --- | --- | --- |
| 1 | 广告设计助理（美工）广告设计师 | 广告设计 | 四级广告设计师、图形图像中级制作员 |
| 2 | 广告策划助理策划师 | 广告策划 | 四级广告设计师、图形图像中级制作员 |

续上表

| 序号 | 对应职业（岗位） | 专业（技能）方向 | 职业资格证书举例 |
|---|---|---|---|
| 3 | 广告文案助理 文案 | 广告文案 | 四级广告设计师、图形图像中级制作员 |
| 4 | 助理客户执行 客户执行 | 客户服务 | 四级广告设计师、图形图像中级制作员 |

（1）广告设计岗位：根据设计的需要，熟练使用各种平面设计软件，将构思转化成设计作品，协助团队完善设计，具有一定的色彩审美和把握不同设计风格的能力。

（2）广告策划岗位：协助策划师完成项目策划推广、执行策划活动。

（3）广告文案岗位：协助文案师完成创意文案撰稿。

（4）客户服务岗位：协助客户主管为客户提供相关的咨询及支援，并对客户关系进行开发、联络与维护，以及后期服务的跟进、整理客户信息归档、促使公司业务顺利展开。

（三）高职学段面向职业范围（见表1-3）

表1-3 广告设计与制作专业高职学段面向职业范围

| 序号 | 对应职业（岗位） | 专业方向 | 职业资格证书举例 |
|---|---|---|---|
| 1 | 广告设计 | 广告设计 | 三级广告设计师、C级国际商业美术师、图形图像高级制作员 |
| 2 | 广告策划 | 广告策划 | 三级广告设计师、C级国际商业美术师、图形图像高级制作员 |
| 3 | 广告文案 | 广告文案 | 三级广告设计师、C级国际商业美术师、图形图像高级制作员 |
| 4 | 客户服务 | 客户服务 | 三级广告设计师、C级国际商业美术师、图形图像高级制作员 |

（1）广告设计岗位：准确理解广告项目策略和风格定位，并呈现为准确的视觉表现，负责广告设计各类项目的视觉形象设计工作。

（2）广告策划岗位：从事广告创意策略、营销活动策划以及推进工作。

（3）广告文案岗位：从事各类广告文案的创意和撰写。

（4）客户服务岗位：负责项目团队内外沟通、接洽及维护，完成各项日常工作计划及工作进度跟踪，负责与广告客户之间的所有相关业务、费用预算，及广告表现形式与风格的联系，根据客户需求协助项目总监共同带领团队制定和实施相应的品牌策略和方案，根据项目组需求与各部门协调项目组内部沟通与执行的日常工作。

## 六、人才规格

### (一) 中职学段人才规格

**1. 职业素养**

(1) 遵纪守法,践行社会主义核心价值观。
(2) 具有一定的人文及审美素养、积极的人生态度和良好的身体素质。
(3) 爱岗敬业,诚实守信,具有良好的职业道德。
(4) 具有高度的责任感,良好的团队意识和协作能力。
(5) 具有良好的沟通表达、解决问题能力。
(6) 具有创新意识和可持续发展能力。

**2. 专业能力**

(1) 具有美术基础知识和技能。
(2) 能运用广告行业常用的设计软件。
(3) 了解基本印刷知识和广告制作工艺。
(4) 具有图文处理及编排能力。
(5) 具有基本的设计表现能力。
(6) 了解广告设计岗位的基本工作流程。

### (二) 高职学段人才规格

**1. 职业素养**

(1) 遵纪守法,践行社会主义核心价值观。
(2) 具有现代审美观念和一定的人文素养、积极的人生态度和良好的身体素质。
(3) 爱岗敬业,诚实守信,具有良好的职业道德。
(4) 具有高度的责任感和良好的团队协作能力。
(5) 具有良好的沟通表达、解决问题能力。
(6) 具有良好的创新精神、竞争意识及终身学习能力。

**2. 专业能力**

(1) 具有良好的美术基础知识和技能。
(2) 能熟练运用广告行业常用的设计软件,掌握设计制作技巧。
(3) 具有良好的广告设计能力、活动策划能力及执行能力。
(4) 熟悉印刷知识和广告制作工艺。
(5) 具备广告新媒体发布的相关知识,能运用媒体语言。
(6) 熟悉广告公司的基本工作流程。
(7) 具有创新精神和创业意识。

## 七、典型工作任务及职业能力分析

针对本专业中职、高职的广告设计目标岗位,面向行业企业,运用头脑风暴、文献研究、咨询专家、案例研究等方法开展职业能力分析，获得21项工作项目，81项工作任务，379条职业能力及87条职业素养，详见附件1。

## 八、课程结构

### （一）中职学段课程结构（见表1-4）

表1-4　美术设计与制作专业中职学段课程结构

| 课程模块 | | 课程名称 | 课程性质 |
| --- | --- | --- | --- |
| 公共基础课程 | | 职业生涯规划 | 必修课 |
| | | 职业道德与法律 | 必修课 |
| | | 经济政治与社会 | 必修课 |
| | | 哲学与人生 | 必修课 |
| | | 语文 | 必修课 |
| | | 数学 | 必修课 |
| | | 英语 | 必修课 |
| | | 计算机应用基础 | 必修课 |
| | | 体育与健康 | 必修课 |
| | | 公共艺术 | 必修课 |
| | | 历史 | 必修课 |
| 专业课程 | 专业核心课程 | 素描 | 必修课 |
| | | 色彩 | 必修课 |
| | | 设计基础 | 必修课 |
| | | 图形图像制作 | 必修课 |
| | | 计算机辅助设计（Illustrator/CorelDRAW等设计软件） | 必修课 |
| | | *摄影基础 | 必修课 |
| | | 字体设计 | 必修课 |
| | | 图形设计 | 必修课 |
| | | *标志设计 | 必修课 |
| | | 版式设计 | 必修课 |
| | | *广告制作 | 必修课 |
| | 美术设计与制作专业（技能）方向课程 | 插画 | 限选课 |
| | | 网站设计 | 限选课 |
| | | 综合设计 | 限选课 |
| | 广告客户服务专业（技能）方向课程 | 广告客户服务方向项目实训 | 限选课 |

注："*"表示中高职的衔接课程。

## (二)高职学段课程结构(见表1-5)

表1-5 广告设计与制作专业高职学段课程结构

| 课程模块 | 课程名称 | 课程性质 |
| --- | --- | --- |
| 公共基础课程 | 思想品德修养与法律基础 | 必修课 |
| | 毛泽东思想和中国特色社会主义理论体系概论 | 必修课 |
| | 形势与政策 | 必修课 |
| | 英语 | 必修课 |
| | 体育 | 必修课 |
| | 就业指导与职业生涯设计 | 必修课 |
| | 创新创业基础 | 必修课 |
| 专业课程 / 专业核心课程 | *商业摄影 | 必修课 |
| | 广告策划与文案 | 必修课 |
| | *VI(Visual Identity)设计 | 必修课 |
| | *广告设计 | 必修课 |
| | 宣传品设计(含印刷) | 必修课 |
| | 顶岗实习 | 必修课 |
| 专业课程 / 广告设计专业方向课程 | UI(User Interface)设计 | 限选课 |
| | 包装设计 | 限选课 |
| | 网页设计 | 限选课 |
| | 新媒体广告 | 限选课 |
| 专业课程 / 广告策划专业方向课程 | 品牌推广 | 限选课 |
| | 广告策划专业方向项目实训 | 限选课 |
| 专业课程 / 广告客户服务专业方向课程 | 广告客户服务专业方向项目实训 | 限选课 |

注:"*"表示中高职的衔接课程。

## 九、课程内容及要求

### （一）中职学段课程内容及要求

**1. 公共基础课程（见表1-6）**

表1-6 美术设计与制作专业中职学段公共基础课程

| 序号 | 课程名称 | 主要教学内容和要求 | 参考学时 |
|---|---|---|---|
| 1 | 职业生涯规划 | 本课程依据《中等职业学校德育课课程教学大纲》开设，旨在引导学生树立正确的职业理想和职业观念，让学生能够根据社会需要和自身特点进行职业生涯规划。课程分成五大模块：职业生涯规划与职业理想；职业生涯发展条件与机遇；职业生涯发展目标与措施；职业生涯发展与就业、创业；职业生涯规划管理与调整。通过课堂体验、活动探索形成生涯规划能力，树立正确的职业观、择业观和成才观 | 36 |
| 2 | 职业道德与法律 | 本课程依据《中等职业学校德育课课程教学大纲》开设，从了解文明礼仪开始，循序渐进地陶冶学生的道德情操，增强职业道德意识和法治观念，指导学生掌握与日常生活和职业活动密切相关的法律常识。教学中注重引导学生合作探究和实践学习，坚持贴近学生、贴近职业、贴近社会，增强德育教育的针对性和主动性，做到理论与实际相结合，知、信、行相统一 | 36 |
| 3 | 经济政治与社会 | 本课程依据《中等职业学校德育课课程教学大纲》开设，从商品的交换与消费切入，透视企业的生产与经营、个人的收入与理财相关的经济现象；站在社会主义的经济制度和社会主义市场经济的立场上，坚持对外开放的基本国策，投身到小康的经济建设中；了解我国民主政治的发展道路，拥护社会主义政治制度；做到参与政治生活，依法行使民主权利，履行义务、承担责任，关注改善民生和国际社会、维护国家利益，明白建设和谐社会人人有责 | 36 |
| 4 | 哲学与人生 | 本课程依据《中等职业学校德育课课程教学大纲》开设，旨在运用唯物论原理，鼓励学生坚持从客观实际发展，脚踏实地在人生路上自强不息地行动。学生能用普遍联系、发展变化和矛盾观点辩证地看问题，树立积极的人生态度；能坚持理论和实践的统一，懂得透过现象认识本质，提高明辨是非的人生发展能力；能做到顺应历史潮流，在掌握历史规律的基础上，清晰人的本质与利人利己的关系，凭着理想信念与意志责任，在社会劳动奉献中发展自我，创造人生价值，实现人的全面发展与个性自由 | 36 |

续上表

| 序号 | 课程名称 | 主要教学内容和要求 | 参考学时 |
|---|---|---|---|
| 5 | 语文 | 本课程依据《中等职业学校语文教学大纲》开设。要求学生掌握语文基础知识，掌握日常生活和职业岗位需要的现代文阅读能力、写作能力、口语交际能力，具有初步的文学作品欣赏能力和浅易文言文阅读能力。本课程设置语文综合实践活动，通过创设生活情景和职业情景，提高学生综合运用知识、技能、方法的能力。学生掌握基本的语文学习方法，养成自学和运用语文的良好习惯。加强阅读与经典作品的欣赏能力及基础写作能力，为学生的继续发展服务 | 162 |
| 6 | 数学 | 本课程依据《中等职业学校数学教学大纲》开设，要求学生掌握必要的数学基础知识，培养观察能力、空间想象能力、分析与解决问题能力和数学思维能力，为学习专业知识、掌握职业技能、继续学习和持续发展奠定基础。教学内容由基础模块与拓展模块两个部分构成。基础模块包括：集合、不等式、函数、指数函数与对数函数、三角函数、数列、平面向量、直线和圆的方程、立体几何（选学）、概率与统计初步（选学）；拓展模块包括：三角公式及应用、平面解析几何（椭圆、双曲线、抛物线）、概率与统计 | 162 |
| 7 | 英语 | 本课程依据《中等职业学校英语教学大纲》开设，以满足各专业学生就业与升学需求为目标，以融合文化素养、职业技能、语言知识为原则，巩固与延续初中基础英语知识，培养学生听、说、读、写技能，并初步形成日常生活和职业场景的英语应用能力。能听懂和说出简单指令；能读懂简单的应用文及进行简单写作；能理解语法项目的形式与意义，并应用于交际任务；能在交流中做到语音、语调基本达意 | 162 |
| 8 | 计算机应用基础 | 本课程依据《中等职业学校计算机应用基础教学大纲》开设，要求学生学习计算机基础知识、Windows桌面操作系统的功能及使用、办公软件的使用、计算机网络的基础知识及应用。通过学习，掌握计算机操作的基本技能，具有常用文字的处理能力、常用数据的处理能力和演示文稿的处理能力，具有一定的信息获取、整理、加工能力和网上交互能力，为以后的学习和工作奠定基础 | 90 |
| 9 | 体育与健康 | 本课程依据《中等职业学校体育与健康教学指导纲要》开设，以树立"健康第一"为指导思想，传授体育与健康的基本文化知识、体育技能和方法。学生应掌握两项以上的体育技能，通过参与集体性体育活动，培养良好的人际关系和合作精神。学习与职业生涯相关的体育运动项目，认识体育对提高就业和创业能力的价值，提高综合职业素质，养成终身从事体育锻炼的意识、能力与习惯，提高生活质量，为全面促进学生身体健康、心理健康和社会适应能力服务 | 144 |

**续上表**

| 序号 | 课程名称 | 主要教学内容和要求 | 参考学时 |
|---|---|---|---|
| 10 | 公共艺术 | 本课程依据《中等职业学校公共艺术课程教学大纲》开设,以审美教育为核心,通过艺术作品赏析和艺术实践活动,使学生了解或掌握各种艺术门类的基本知识、技能和原理,认识不同艺术类型的表现形式、审美特征,掌握欣赏艺术作品的方法、要领及规律,增强学生对艺术的理解与分析评判的能力,从而提高学生对艺术的鉴赏力,对美丑的分辨力,净化心灵,陶冶情操,丰富学生的人文素养和精神世界,拓展学生的审美视野,发展创新思维与合作意识,形成正确的人生观、世界观和价值观,对提升学生今后的生活品质和文化品位有积极的促进作用 | 36 |
| 11 | 历史 | 本课程依据《中等职业学校公共艺术课程教学大纲》开设,是中等职业学校开设的一门公共基础课程,是在义务教育阶段历史课程的基础上,结合中职学校实际情况,坚持以唯物史观为指导,引导学生对中国及世界历史进行更加深入的学习,促进学生进一步拓展历史视野、培养历史意识、发展历史思维、提高历史素养;使学生能够从历史发展的角度理解并认同中华优秀传统文化,自觉培育和践行社会主义核心价值观,树立正确的历史观、世界观和人生观,为学生未来的学习、工作与生活奠定基础 | 36 |

**2. 专业核心课程（见表1-7）**

表1-7 美术设计与制作专业—广告设计与制作中职学段核心课程

| 序号 | 课程名称 | 对接职业能力 | 主要教学内容和要求 | 参考学时 |
|---|---|---|---|---|
| 1 | 素描 | 13-04-02、13-04-03、21-11-01、21-11-04、21-12-01 | 学习素描的基础知识,掌握素描的表现方法与技巧,能使用结构表现和调子表现技法绘画素描作品,提高学生的艺术感知力、鉴赏力以及创造力,促进学生设计个性的发展,使学生能对造型表现的关键能力有系统的认识 | 144 |
| 2 | 色彩 | 13-04-02、13-04-03、17-01-01~17-01-03、21-11-01、21-11-03、21-11-04、21-12-01 | 本课程教学目标是使学生通过色彩理论的讲授和色彩实践的操作,理解色彩绘画的基础知识,掌握运用色彩表现物象的方法与技巧,并通过由浅入深、由简入繁的色彩临摹和写生训练,培养学生敏锐的色彩感觉和正确的色彩观察方法,提高审美意识,从而奠定学生色彩造型基础,使学生在今后的广告设计中具备一定的专业知识和专业技能 | 72 |

续上表

| 序号 | 课程名称 | 对接职业能力 | 主要教学内容和要求 | 参考学时 |
|---|---|---|---|---|
| 3 | 设计基础 | 13-04-02、13-04-05、21-11-02、21-11-03、21-12-01 | 理解平面构成、设计色彩、立体构成的基础知识；掌握艺术设计的形式美法则、设计色彩的象征性与设计色彩所产生的心理效应、立体构成要素的材料语言的表达；培养学生的形式美法则和色彩认知、色彩审美、色彩语言驾驭、立体形态的表现方法 | 108 |
| 4 | 图形图像制作 | 11-02-01~11-02-03、13-05-01、13-05-02、13-06-01~13-06-05、13-07-03~13-07-07、21-04-01~21-04-04、21-11-07、21-11-14、21-12-01 | 本课程教学目标是使学生掌握图形图像处理软件（Photoshop）的基本操作及其图形图像的设计、加工和处理方法，能运用 Photoshop 图像处理的技术、方法、思维方式，在实际岗位工作中将采集的各类素材按设计意向进行处理与加工，并能依据实际需求设计制作简单的海报、广告作品，为后续的系列广告设计课程学习奠定良好的基础，掌握从事广告设计职业岗位基础工作的技术和职业能力 | 110 |
| 5 | 计算机辅助设计 | 11-02-01~11-02-07、13-05-01、13-05-02、13-06-01~13-06-05、21-11-07、21-12-01 | 掌握广告设计的常用设计软件 CorelDRAW/Illustrator 的操作技巧，运用在图形设计、插画、广告设计、包装设计等领域，能够使用 CorelDRAW/Illustrator 等软件进行与专业相关的广告创作、版面编排和图形设计 | 72 |
| 6 | *摄影基础 | 03-02-01、13-03-01~13-03-03、21-11-05、21-11-06 | 掌握摄影的基本知识，了解照相机的结构及其作用，掌握摄影器材的操作方法，具备摄影的取景构图能力、布光能力、影像后期调整能力，培养学生的广告摄影造型的艺术修养和创作能力 | 72 |
| 7 | 字体设计 | 11-01-01~11-01-04、11-02-04~11-02-07、13-06-03、21-02-01~21-02-07、21-08-01~21-08-05 | 掌握中、外文基本字体的书写方法和创意字体设计的基本规律，能够根据文字内容独立完成字体创意设计的全过程。了解字体与版式编排的基本方法 | 72 |

续上表

| 序号 | 课程名称 | 对接职业能力 | 主要教学内容和要求 | 参考学时 |
|---|---|---|---|---|
| 8 | 图形设计 | 13-04-01~13-04-05、13-06-02、13-07-01~13-07-07、21-08-01~21-08-05、21-11-04、21-11-05 | 了解图形艺术的基本原则，培养学生运用图形语言与人传递信息，能较为准确地表达自己的创意和想法 | 72 |
| 9 | *标志设计 | 11-02-01~11-02-03、13-04-01~13-04-05、13-05-01~13-05-02、13-06-01~13-06-05、13-07-01~13-07-07、21-08-01~21-08-05、21-11-07 | 了解标志发展的历史和演变过程，掌握一般标志设计的创意规律和表现形式法则，及常见标志设计的方法。并能够完成以标志为核心的视觉传达基本要素设计，按照中职教育的特点培养学生的动手能力，能够设计和制作出一般的标志 | 72 |
| 10 | 版式设计 | 11-01-01、11-01-02、11-02-01~11-02-05、13-04-02、13-04-03、21-08-01~21-08-05 | 掌握版面设计的基本方法，运用排版软件，掌握字符、字距、段落、图文的编排，掌握印前输出的基本要求以及各类图文混合排版等实际操作方法 | 72 |
| 11 | *广告制作 | 10-01~10-03、11-01-01~11-01-04、11-02-01~11-02-07、13-04-02~13-04-05、13-05-01~13-05-02、13-06-01~13-06-05、13-07-01~13-07-07、13-08-01~13-08-05、14-01-01~14-01-08、14-02-02~14-02-04、21-01~21-12 | 掌握不同类型商业招贴广告的设计思路、设计方法、版面的排版技巧和方法；了解广告创意的思维方式、广告创意的表现手法；能够独立完成商业海报的创意与设计 | 108 |

注：（1）"对接职业能力"填写职业能力编码，编码与附录"1. 美术设计与制作专业—广告设计与制作专业职业能力分析表"对应，学科课程除外。（2）"*"表示中高职衔接的课程。

## 3. 美术设计与制作专业（技能）方向课程（见表1-8）

表1-8 广告制作专业（技能）方向课程

| 序号 | 课程名称 | 对接职业能力 | 主要教学内容和要求 | 参考学时 |
|---|---|---|---|---|
| 1 | 插画 | 13-04-01、13-04-05、13-06-02、21-11-03、21-11-04、21-12-01 | 掌握插画的基本理论知识，广告插画设计的创意方法、表现技法，并能用电脑设计软件完成作品。本课程是一门实践性和实用性较强的课程，既能训练学生操作设计软件的基本技能，又能培养学生分析解决实际设计任务的综合能力 | 72 |
| 2 | 网站设计 | 10-01-02、11-02-01～11-02-03、13-01-01～13-01-05、13-02-01～13-02-02、13-03-01～13-03-03、13-04-01～13-04-05、13-05-01～13-05-02、13-06-01～13-06-05、13-07-01～13-07-07、13-08-01～13-08-05、21-11-01～21-11-15 | 本课程主要是面向网站界面设计、网站美工设计、网页制作、网站开发等相关岗位，帮助学生明确网站界面设计在网站开发中的重要性，培养学生具备一定的网站界面设计能力，具备网站界面设计的素质和技能，能独立完成一个网站界面的设计与制作，为后续课程打下扎实的基础，最终成为适应社会岗位需求的网站建设与管理人才 | 72 |
| 3 | 综合设计 | 17-01-01～17-01-03、17-02-01、17-02-02、21-11-01～21-11-15 | 本课程教学目标是使学生融会贯通所学的基础知识和专业知识，提高实际操作能力，使学生能够结合其他课程以及在生活中所获得的知识，运用平面设计软件完成广告设计与制作，培养学生系统的设计理念及广告制作方法，提高学生的自学能力和独立工作能力，促进学生设计个性的发展 | 108 |

注："对接职业能力"填写职业能力编码，编码与附录"1. 美术设计与制作专业—广告设计与制作专业职业能力分析表"对应，学科课程除外。

### 4. 广告客户服务专业（技能）方向课程（见表 1-9）

表 1-9 广告客户服务专业方向课程

| 课程名称 | 对接职业能力 | 主要教学内容和要求 | 参考学时 |
|---|---|---|---|
| 广告客户服务方向项目实训 | 10-01~10-03、12-01、14-01-01、14-01-02、16-01-06、16-01-07、16-02-03、16-05-01、16-05-02、16-05-04、16-05-05、16-06-03、16-07、16-08-01、17-02-06、19-01-06、20-01-02、21-02-01、21-02-03、21-02-05、21-03-01、21-05-01、21-06-01、21-09-03、21-10-01 | 通过项目实训教学环节，指导学生进行具体的广告客户服务项目训练，培养学生掌握客户服务技能，使学生能够在客户服务岗位上完成综合性广告设计工作和客户服务典型工作任务，培养学生的自我学习能力、准确的语言表达能力、沟通能力、协调能力、良好的责任心与职业道德，使学生学会如何在一个团队的工作中通过沟通与交流，形成工作方案和安排具体工作计划，并以团队合作方式完成项目工作，启发学生对设定状况与目标积极思考、分析，鼓励多元思维方式并将其表达出来，注重培养学生的知识与技术应用能力和健康人格的发展，培养学生从事广告设计工作的兴趣与爱好，培养良好的职业习惯与素养，为学生从事客户服务工作奠定坚实的理论和实践基础，为具体的广告客户服务工作服务 | 108 |

注："对接职业能力"填写职业能力编码，编码与附录"1. 美术设计与制作专业—广告设计与制作专业职业能力分析表"对应，学科课程除外。

### （二）高职学段课程内容及要求

### 1. 公共基础课程（见表 1-10）

表 1-10 广告设计与制作专业高职学段公共基础课程

| 序号 | 课程名称 | 主要教学内容和要求 | 参考学时 |
|---|---|---|---|
| 1 | 思想品德修养与法律基础 | 本课程是大学生进行思想道德和法制观念教育的必修课，通过本课程的理论学习和实践体验，帮助大学生形成正确的理想信念，弘扬爱国主义精神，确立正确的人生观和价值观，加强思想品德修养，增强学法、守法、用法的自觉性，全面提高思想道德素养和法律素养，使之成为品学兼优的社会主义现代化建设应用型人才 | 72 |

续上表

| 序号 | 课程名称 | 主要教学内容和要求 | 参考学时 |
|---|---|---|---|
| 2 | 毛泽东思想和中国特色社会主义理论体系概论 | 本课程主要对学生进行中国特色社会主义理论与实践教育，使学生能够正确地理解和掌握毛泽东思想、中国特色社会主义理论的科学体系、精神实质和立场、观点、方法，树立建设中国特色社会主义的坚定信念，培养运用马克思主义的立场、观点和方法分析和解决问题的能力，增强执行党的基本路线和基本纲领的自觉性和坚定性，积极投身全面建设小康社会的伟大实践 | 72 |
| 3 | 形势与政策 | 本课程通过了解国际、国内形势，使学生全面正确认识党和国家面临的形势和任务，正确认识世情、国情、党情，正确理解并拥护党的路线、方针和政策；增加学生的爱国主义责任感和使命感，不断提高学生的爱国主义和社会主义觉悟；增强实现改革开放和社会主义现代化建设宏伟目标的信心和社会责任感，提高当代大学生投身于国家经济建设事业的自觉性和态度，明确自身的人生定位和奋斗目标 | 36 |
| 4 | 英语 | 本课程以培养学生实际应用英语的能力为目标，侧重职场环境下语言交际能力的培养，使学生逐步提高用英语进行交流与沟通的能力。同时，使学生掌握有效的学习方法和策略，培养学生的学习兴趣和自主学习能力，提高学生的综合文化素养和跨文化交际意识，为提升学生的就业竞争力及未来的可持续发展打下必要的基础 | 144 |
| 5 | 体育 | 本课程的目标是全面锻炼学生的身体，增强体质，使学生掌握体育基本知识、技术、技能，培养终身体育锻炼的能力和习惯。通过本课程的学习和训练，使学生了解体育锻炼的原则与方法，常见运动损伤的预防与处理，具有一定的体育文化欣赏能力；掌握两项以上体育运动项目的基本知识、技术、技能；增强体质，促进身心健康，培养吃苦耐劳、勇敢顽强的意志品质。养成终身体育锻炼的能力和习惯，保证健康体质测试标准合格 | 72 |
| 6 | 就业指导与职业生涯设计 | 本课程是关于职业启蒙、职业目标、职业意识、求职技巧和创业准备的应用型课程，教学目的是培养学生的社会能力和方法能力，提高其职业能力。让学生理解职业与成才的关系、理解职业生涯设计的意义和基本内容，让学生学会认识自己和社会，初步完成职业生涯设计；让学生初步形成职业意识，掌握初到企业的通用的行为规范，学会处理企业中的人际关系；让学生初步学会求职申请和面试的基本技巧 | 36 |

续上表

| 序号 | 课程名称 | 主要教学内容和要求 | 参考学时 |
|---|---|---|---|
| 7 | 创新创业基础 | 本课程是创新创业梯级课程体系的基础启蒙课程,主要任务是培养学生创新精神与创业意识,教授学生创业知识、锻炼创业能力。以创业者素质要求→评估创业机会→创建企业→创业过程管理→创业企业发展为主线,通过本课程学习,学生掌握开展创业活动所需要的基本知识,认知创业的基本内涵和创业活动的特殊性,辩证地认识和分析创业机会、创业资源、创业计划和创业项目;具备必要的诚信力、决策力、管理力、创建力和社交力等素质,掌握创业资源整合与创业计划撰写的方法,熟悉新创企业的开办流程与管理,提高创办和管理企业的综合素质和能力;树立科学的创业观,主动适应国家经济社会发展和个体的全面发展需求,正确理解创新创业与职业生涯发展的关系,自觉遵循创新创业规律,积极投身创新创业实践 | 36 |

2. **专业核心课程**(见表1-11)

表1-11 广告设计与制作专业高职学段专业核心课程

| 序号 | 课程名称 | 对接职业能力 | 主要教学内容和要求 | 参考学时 |
|---|---|---|---|---|
| 1 | *商业摄影 | 03-02-01、21-02-06、21-02-09、21-05-01~21-05-06、21-11-05、21-11-06、21-07-13 | 通过本课程的学习,理解摄影摄像基础知识,掌握数码照相机及其附属设备的使用方法,培养学生的构图能力、画面意识和艺术创作中的镜头感,使学生能针对不同要求对照片和视频进行技术参数的调整,能在广告摄影、新闻摄影、影视拍摄中灵活运用镜头语言,具备从事摄影摄像的基本职业能力 | 72 |
| 2 | 广告策划与文案 | 01-01-01、01-02-01、03-01~03-04、04-01~04-03、07-01、07-02、08-01~08-03、09-01~09-03、12-01~12-05、21-02-08~21-02-12、21-12-01 | 通过本课程的学习,使学生掌握广告策划与文案撰写的基础知识及表现方法,包括广告策划书设计、广告策划实施、广告策划效果评估和广告文案的构成、标题的创作、正文的创作、广告语的创作方法等;使学生能够综合运用各种元素和技术表现策划、实施广告策划方案,并能够将其应用到实践之中,为具体广告策划工作服务 | 72 |

续上表

| 序号 | 课程名称 | 对接职业能力 | 主要教学内容和要求 | 参考学时 |
|---|---|---|---|---|
| 3 | *VI（Visual Identity）设计 | 08-02-01~08-02-04、08-03-01~08-03-07、21-12-01 | 通过本课程的学习，掌握VI设计的相关知识和技能，使学生能运用品牌意识独立完成VI系统设计；掌握VI的基础系统、应用系统，能系统地运用VI手册的设计技巧，培养正确的企业形象设计理念 | 64 |
| 4 | *广告设计 | 08-03-01~08-03-07、11-02-04~11-02-07、13-01-01~13-01-05、13-02-01、13-02-02、13-03-01~13-03-03、13-04-01~13-04-05、13-06-01~13-06-05、13-07-05~13-07-07、13-08-01~13-08-05、21-11-01~21-11-20、21-12-01 | 通过本课程的学习，使学生掌握平面广告设计的基础知识及广告作品的创作方法，包括广告的图形、色彩、文案及编排设计的合理性运用等；使学生能够结合其他课程以及在生活中所获得的知识，在广告作品的创作及展示中，能够准确地表达广告的主题思想，完成广告设计作品；培养正确的设计理念、设计方法，在引导学生学习各类设计风格的同时促进学生设计个性的发展 | 72 |
| 5 | 宣传品设计（含印刷） | 10-01-01~10-01-03、11-01-04、11-02-01~11-02-07、13-03-01、13-02-01、13-02-02、13-03-01~13-03-03、13-04-01~13-04-05、13-06-01~13-06-05、13-07-01~13-07-07、13-08-01~13-08-05、14-01~14-04、21-11-01~21-11-20 | 通过本课程的学习，使学生掌握宣传品设计的基础知识及创作方法，包括宣传品设计的前期策划，对与企业文化信息相关的广告图形、色彩、文案及编排设计的合理性运用等；使学生能够结合其他课程以及在生活中所获得的知识，在宣传品的创作中，准确地表达企业宣传的主题思想，完成企业宣传的目的；培养正确的设计理念、设计方法，在引导学生学习各类设计风格的同时促进学生设计个性的发展 | 72 |

注：(1)"对接职业能力"填写职业能力编码，编码与附录"1. 美术设计与制作专业—广告设计与制作专业职业能力分析表"对应，学科课程除外。(2)"*"表示中职的衔接课程。

## 3. 广告设计专业方向课程（见表 1-12）

表 1-12　广告设计专业方向课程

| 序号 | 课程名称 | 对接职业能力 | 主要教学内容和要求 | 参考学时 |
|---|---|---|---|---|
| 1 | UI（User Interface）设计 | 13-01-01~13-01-05、08-01~08-03、11-01-01~11-01-04、13-02-01、13-02-02、13-03-01~13-03-03、13-04-01~13-04-05 | 通过本课程的学习，掌握 UI 设计的基础知识及其创作方法，包括界面设计、内容策划、互动界面设计、界面视觉形象设计等知识内容。通过独立完成界面设计项目，使学生能够理解并接受"互联网+"的时代背景，掌握紧跟时代需求的实用设计理念，熟悉用户界面设计流程，能够通过市场调研和用户需求分析，挖掘用户需求，将情感化设计和人机互动行为设计融入互动类产品的界面设计中，具备用视觉化的语言和动态化的展现形式将设计概念或创意表现出来的能力 | 72 |
| 2 | 包装设计 | 07-01-01~07-01-06、14-01-01~14-01-08、14-02-01~14-02-04、14-03-01~14-03-05、14-04-01 | 通过本课程的学习，掌握包装设计的基础知识及包装作品的创作方法，使学生能够运用品牌整合包装的理念和现代包装设计所追求的节约和绿色的环保理念，对包装设计的基本要求、包装材料、包装印刷工艺有初步的了解，准确定位包装形象，具备包装效果的设计与表现的能力，培养学生的创造性思维方式和形式美法则运用能力，从而适应岗位需求 | 96 |
| 3 | 网页设计 | 08-03、09-01、13-05-01、13-05-02、13-06-01~13-06-03、13-07-01~13-07-05、16-06-01~16-06-05、16-07-01~16-07-04、16-08-01~16-08-05、17-01-01~17-01-03、17-02-02~17-02-05、21-11 | 通过真实网站项目的开发，使学生掌握网站开发的过程及网页的设计制作方法，能开发出以静态功能为主、包含部分动态功能的中小型网站，通过多个网站的分级开发实施，不断强化学生的网页设计与制作技能，积累网页设计与制作经验，激发学生的学习兴趣并形成持久的学习动力，提升学生自主学习能力，满足职业岗位需求 | 72 |

续上表

| 序号 | 课程名称 | 对接职业能力 | 主要教学内容和要求 | 参考学时 |
|---|---|---|---|---|
| 4 | 新媒体广告 | 09-01~09-03、16-06-01~16-06-03、16-07-01~16-07-04、18-01~18-06、19-01、19-02、20-01、20-02 | 通过本课程的学习，使学生了解新媒体广告的基础知识，理解新媒体广告的设计方法与原则，培养学生成为专业的新媒体广告设计人才，能根据不同的客户需求，设计符合要求的新媒体广告作品；掌握从事广告设计职业岗位实际工作的专业技术和职业能力，为后续的系列广告设计课程学习奠定良好的基础 | 72 |

注："对接职业能力"填写职业能力编码，编码与附录"1. 美术设计与制作专业—广告设计与制作专业职业能力分析表"对应，学科课程除外。

**4. 广告策划专业方向课程（见表 1-13）**

表 1-13 广告策划专业方向课程

| 序号 | 课程名称 | 对接职业能力 | 主要教学内容和要求 | 参考学时 |
|---|---|---|---|---|
| 1 | 品牌推广 | 02-02-01、17-01-01~17-01-03、17-02-01、17-02-02、18-01~18-06、21-01、21-02-01~21-02-12、21-06-01~21-06-04、21-11-01~21-11-20 | 通过本课程的学习，掌握品牌推广的基础知识及执行方法，使学生能够结合其他课程以及在商业活动中所获得的知识，在品牌推广过程中，能够准确、有效地完成与品牌推广的相关工作；培养正确的理念和方法，在引导学生学习各种工作思路与技法的同时，促进学生设计个性的发展 | 72 |
| 2 | 广告策划专业方向项目实训 | 03-01~03-04、07-01、07-02、08-01~08-03、09-01~09-03、12-01~12-05、13-01~13-03、16-01~16-08、21-02-01~21-02-12、21-06-01~21-06-04、21-11-01~21-11-20 | 通过项目实践进行具体的广告策划训练，使学生全面掌握广告策划具体项目运作的原理、方法、流程，能有效地完成产品品牌形象、产品促销活动、主题活动的广告策划，撰写广告策划书，完成与项目相关的广告设计与制作，使学生能够将其应用到实践之中，为具体广告策划工作服务 | 102 |

注："对接职业能力"填写职业能力编码，编码与附录"1. 美术设计与制作专业—广告设计与制作专业职业能力分析表"对应，学科课程除外。

## 5. 广告客户服务专业方向课程（见表1-14）

表1-14 广告客户服务专业方向课程

| 课程名称 | 对接职业能力 | 主要教学内容和要求 | 参考学时 |
|---|---|---|---|
| 广告客户服务专业方向项目实训 | 01-01、01-02、02-01~02-04、04-01~04-03、07-01、07-02、09-01~09-03、18-01~18-06、19-01、19-02、20-01、20-02、21-03-04~21-03-07、21-06、21-07 | 通过项目实践性教学环节，指导学生进行具体的广告客户服务项目训练，使学生全面掌握广告客户服务运作的原理、方法、流程，能有效完成调研、创意制作、媒介等广告客户服务工作，使学生能够将其应用到实践之中，为具体的广告客户服务工作服务 | 72 |

注："对接职业能力"填写职业能力编码，编码与附录"1. 美术设计与制作专业—广告设计与制作专业职业能力分析表"对应，学科课程除外。

# 十、教学安排

## （一）中职学段教学安排（见表1-15）

表1-15 中职学段教学安排

| 课程类别 | | 课程名称 | 学分 | 总学时 | 各学期校内教学周数、学分分配 | | | | | |
|---|---|---|---|---|---|---|---|---|---|---|
| | | | | | 1 | 2 | 3 | 4 | 5 | 6 |
| | | | | | 18 | 18 | 18 | 18 | 18 | 18 |
| 公共基础课程 | 必修课 | 职业生涯规划 | 2 | 36 | 2 | | | | | |
| | | 职业道德与法律 | 2 | 36 | | 2 | | | | |
| | | 经济政治与社会 | 2 | 36 | | | 2 | | | |
| | | 哲学与人生 | 2 | 36 | | | | 2 | | |
| | | 语文 | 9 | 162 | 4 | 2 | | | 3 | |
| | | 数学 | 9 | 162 | 4 | 2 | | | 3 | |
| | | 英语 | 9 | 162 | 4 | 2 | | | 3 | |
| | | 计算机应用基础 | 5 | 90 | 3 | 2 | | | | |
| | | 体育与健康 | 8 | 144 | 2 | 2 | 2 | 2 | | |
| | | 公共艺术 | 2 | 36 | 2 | | | | | |
| | | 历史 | 2 | 36 | | | 2 | | | |
| | | 已安排课程小计 | 52 | 936 | 16 | 15 | 8 | 4 | 9 | |
| | 任意选修课 | …… | | | | | | | | |
| | | 小计 | | 72 | | | | | | |

续上表

| 课程类别 | | 课程名称 | 学分 | 总学时 | 各学期校内教学周数、学分分配 | | | | | |
|---|---|---|---|---|---|---|---|---|---|---|
| | | | | | 1 | 2 | 3 | 4 | 5 | 6 |
| | | | | | 18 | 18 | 18 | 18 | 18 | 18 |
| 专业课程 | 专业核心课程（必修课） | 素描 | 8 | 144 | 8 | | | | | |
| | | 色彩 | 4 | 72 | 4 | | | | | |
| | | 设计基础 | 6 | 108 | | 6 | | | | |
| | | 图形图像制作 | 6 | 110 | | 6 | | | | |
| | | 计算机辅助设计 | 4 | 72 | | | 4 | | | |
| | | *摄影基础 | 4 | 72 | | | 4 | | | |
| | | 字体设计 | 4 | 72 | | | 4 | | | |
| | | 图形设计 | 4 | 72 | | | 4 | | | |
| | | *标志设计 | 4 | 72 | | | | 4 | | |
| | | 版式设计 | 4 | 72 | | | | 4 | | |
| | | *广告制作 | 6 | 108 | | | | 6 | | |
| | | 项目实习 | 30 | 540 | | | | | | 30 |
| | | 已安排课程小计 | 84 | 1 514 | 12 | 12 | 16 | 14 | 0 | 30 |
| | 美术设计与制作专业（技能）方向课程 | 插画 | 4 | 72 | | | | 4 | | |
| | | 网店装修 | 4 | 72 | | | | | 4 | |
| | | 综合设计 | 6 | 108 | | | | | 6 | |
| | | 已安排课程小计 | 14 | 252 | 0 | 0 | 0 | 4 | 10 | 0 |
| | 广告客户服务专业（技能）方向课程 | 广告客户服务方向项目实训 | 6 | 108 | | | | | 6 | |
| | | 已安排课程小计 | 6 | 108 | 0 | 0 | 0 | 0 | 6 | 0 |
| | 美术设计与制作专业任意选修课程 | 已安排课程小计 | 28 | 420 | | | | | | |
| | 已安排课程合计 | | 184 | 3 230 | 28 | 27 | 24 | 22 | 25 | 30 |
| | 合　　计 | | | ≈3 300 | 28 | 28 | 28 | 28 | 28 | 28 |

注：(1) 中职学段总学时数为 3 000～3 300 学时，公共基础课课时不少于 1/3，专业核心课程占 1 400～1 500 学时，专业（技能）方向课程占 300～400 学时。(2) "*"表示中高职的衔接课程。(3) "项目实习"由中高职对口院校共同商讨实习内容、形式和时间，包括项目工厂实习、工作室实习等多种形式，原则上安排在第六学期进行。(4) 总学分不少于 170 分。(5) "……"表示由各院校自行安排的必修课程、选修课程。

## （二）高职学段教学安排（见表1-16）

表1-16 高职学段教学安排

| 课程类别 | | 课程名称 | 学分 | 总学时 | 各学期周数、学时分配 | | | |
|---|---|---|---|---|---|---|---|---|
| | | | | | 1 | 2 | 3 | 4 |
| | | | | | 18 | 18 | 18 | 18 |
| 公共基础课程 | 必修课 | 思想品德修养与法律基础 | 4 | 72 | 2 | 2 | | |
| | | 毛泽东思想和中国特色社会主义理论体系概论 | 4 | 72 | | | 4 | |
| | | 形势与政策 | 2 | 36 | 1 | 1 | | |
| | | 英语 | 8 | 144 | 4 | 4 | | |
| | | 体育 | 4 | 72 | 2 | 2 | | |
| | | 就业指导与职业生涯设计 | 2 | 36 | 1 | | 1 | |
| | | 创新创业基础 | 2 | 36 | 2 | | | |
| | | 已安排课程小计 | 26 | 468 | 12 | 9 | 5 | 0 |
| 专业课程 | 专业核心课程（必修课） | *商业摄影 | 4 | 72 | 4 | | | |
| | | 广告策划与文案 | 4 | 72 | 4 | | | |
| | | *VI设计 | 4 | 64 | 4 | | | |
| | | *广告设计 | 6 | 72 | | 4 | | |
| | | 宣传品设计（含印刷） | 4 | 72 | | | 4 | |
| | | 顶岗实习 | 28 | 500 | | | | 28 |
| | | 已安排课程小计 | 50 | 852 | 12 | 4 | 4 | 28 |
| | 广告设计与制作专业方向课程 | UI设计 | 4 | 72 | | | 4 | |
| | | 包装设计 | 4 | 96 | | 4 | | |
| | | 网页设计 | 4 | 72 | | | 4 | |
| | | 新媒体广告 | 4 | 72 | | | 4 | |
| | | 已安排课程小计 | 16 | 288 | | | | |
| | 广告策划专业方向课程 | 品牌推广 | 4 | 72 | | 4 | | |
| | | 广告策划专业方向项目实训 | 4 | 102 | | | 4 | |
| | | 已安排课程小计 | 8 | 174 | | | | |
| | 广告客户服务专业方向课程 | 广告客户服务专业方向项目实训 | 4 | 72 | | | 4 | |
| | | 已安排课程小计 | 4 | 72 | 0 | 8 | 20 | 0 |
| | 任意选修课 | …… | | | | | | |
| | | 小计 | | 168 | | | | |
| | | 已安排课程合计 | 184 | 2 022 | 24 | 25 | 25 | 28 |
| | | 合　　计 | | ≈2 000 | 22~26 | 22~26 | 22~26 | 22~26 |

注：（1）高职学段总学时数约为2 000学时，公共基础课程不少于1/3学时，专业核心课程占1 000~1 100学时，专业方向课程占200~300课时。（2）"*"表示中高职的衔接课程。（3）"顶岗实习"包括毕业实习、毕业设计等多种形式，原则上安排在第六学期进行。（4）总学分不少于90分，含军训及入学教育、社会实践、毕业教育等活动的学分。（5）"……"表示由各院校自行安排的必修课程、选修课程。

## 十一、教学基本条件

### （一）师资条件

**1. 中职学段**

（1）师生比例适宜，满足本专业教学工作的需要，比例一般不高于16∶1。

（2）专任教师具备本专业或相近专业大学专科以上学历（含本科）。

（3）本专业专任教师"双师"资格（具备相关专业职业资格证书或企业经历）的占比要达到40%以上。

（4）本专业兼职教师由校内兼职教师和校外兼职教师组成。

**2. 高职学段**

（1）师生比例适宜，满足本专业教学工作的需要，比例一般不高于16∶1。

（2）专任教师具备本专业或相近专业大学本科以上学历（含本科）。

（3）30%的专任教师具备行业相关工作经验2年以上。

（4）本专业专任教师"双师"资格（具备相关专业职业资格证书或企业经历）的占比要达到60%以上。

（5）本专业兼职教师由校内兼职教师和校外兼职教师组成。

### （二）实训实习条件

本专业应配备校内实训室和校外实训基地。

**1. 校内实训室**

校内实训室必须具备素描色彩设计、广告设计、广告制作等实训室，主要设施设备及数量见表1-17。

表1-17 校内实训室主要设施设备及数量

| 序号 | 学段 | 实训室名称 | 主要工具和设施设备 | | |
|---|---|---|---|---|---|
| | | | 名称 | 规格 | 数量 |
| 1 | 中职 | 素描、色彩实训室 | 画架 | 梯形画架外观尺寸高1 400 mm；边框宽40 mm；边框厚20 mm。倾斜角度可调，画板托板高度可调 | 人均1个 |
| | | | 静物台 | 静物台尺寸为800 mm×600 mm×770 mm，表面烤漆处理，符合GB/T 1741—2007漆膜耐霉菌性测定法的有关要求 | >3个 |
| | | | 写生灯 | 写生灯高度为1 500~2 600 mm，照射角度为0°~120°，可调节；材质为灯罩金属漆、灯杆钢管镀铬；特点是两节升降，三角底座 | >3个 |
| | | | 画板 | 画板规格：450 mm×320 mm×15 mm | 人均1个 |
| | | | 写生教具 | 配备人物石膏像、几何石膏形体、大陶罐、小陶罐、蜡果 | 各系列不少于6套 |
| | | 广告设计实训室 | 机房 | 安装有专业平面设计制作相关软件的电脑 | 人均1台 |
| | | 广告制作实训室 | 广告制作设备 | 电脑、扫描仪、打印机、喷绘机各1套以及打印、喷绘等耗材。有条件的学校建议增设吸塑机、雕刻机、激光雕刻机、亚克力折弯机、亚克力火焰抛光机、亚克力板耗材、PVC（Polyvinyl chloride）板、双色板耗材各1套 | 1套 |
| 2 | 高职 | 广告设计实训室 | 机房 | 安装有专业平面设计制作相关软件的电脑 | 人均1台 |
| | | 广告制作实训室 | 广告制作设备 | 电脑、扫描仪、打印机、专业相机、DV（Digital Video）机、喷绘仪、数位板、投影仪 | 各1套 |
| | | 广告摄影摄像实训室 | 摄影摄像设备 | 电动背景架、无纺布背景（黑、白、灰、蓝）、天花路轨（2个固定轨、2个移动轨、4个吊臂及安装配件）、闪光灯、柔光箱、标准灯罩、四叶挡光板+蜂窝网+滤色片（红、黄、蓝）、反光板、三脚架、测光表、照相机、摄像机等 | 各1套或以上 |

## 2. 校外实训基地

校外实训基地能满足学生动手操作和实践，系统掌握并接触某技能方向的主要业务环节，全面巩固技能方向知识及技能，能够培养学生的岗位职业能力。

## 十二、教学实施建议

### （一）教学要求

#### 1. 教学方法

教学方法的运用应突出以学生为中心，要求学生掌握每门课程的基础理论知识及设计方法；懂得赏析优秀广告作品，学习优秀作品的制作和创作方法；选读两本以上与课程相关的参考书。

#### 2. 教学手段

根据人才培养方案和课程标准制订授课计划和备课，建议采用多形式教学相结合展开教学，如案例分析、问题讨论、名家讲座等手段，培养学生的兴趣和设计的能力。

### （二）教学评价

#### 1. 注重过程的考核评价方法

注重过程考核，考核具体方式可采取研讨发言、成果展示、实践成果报告与统一考试结合的方法进行，做到教学评价客观。

#### 2. 与职业鉴定接轨

考核与职业资格和技术等级鉴定接轨，提高考核评价的社会可信度和效果，使学生在课程考核的同时取得相应岗位的职业资格证书。

#### 3. 分数分配

采用百分制形式计分。考核内容与所占比重见表 1 - 18。

表 1 - 18　考核内容与占比

| 考核内容 | 学生出勤 | 项目考核 | 综合考核 | 合　计 |
| --- | --- | --- | --- | --- |
| 所占比重/% | 10 | 50 | 40 | 100 |

### （三）教学管理

为确保人才培养方案的顺利实施，制定各项教学管理制度，利于实现高技能人才培养。

（1）校内实训室管理制度。制定和完善实训基地管理制度以及各实训基地运行管理文件，形成具有规范化、系列化的生产性实训基地规章制度，包括设备管理制度、实训教师实践教学指导工作规范、学生实训过程管理制度、基地安全管理制度等。

（2）引进企业对员工的管理模式来考核学生，营造企业真实的工作情境。

## 十三、开发团队

### (一) 参与开发的行业、企业技术专家团队(见表1-19)

表1-19 参与开发的行业、企业技术专家团队

| 姓 名 | 单 位 | 职称、职务 |
|---|---|---|
| 席海强 | 广州盛初广告有限公司 | 设计师/董事长 |
| 李向荣 | 广东省包装技术协会 | 高级设计师/主任 |
| 关晓华 | 佛山市广告协会 | 高级广告设计师/秘书长 |
| 陈泽文 | 顺德广告协会 | 广告设计师/会长 |
| 朱 墨 | 天行广告传媒有限公司 | 高级设计师/经理 |
| 闽 刚 | 雅文品牌策划机构 | 设计总监 |
| 余春桂 | 广州盛初广告有限公司 | 设计总监 |
| 梁宪宗 | 广州盛初广告有限公司 | 设计师 |
| 李海波 | 广州知鱼广告策划有限公司 | 总经理 |
| 鲁 涛 | 广州行间字里营销策划有限公司 | 设计总监 |
| 邓明洲 | 广东电视台房产频道 | 平面设计总监 |
| 黄彬荣 | 东哲设计顾问有限公司 | 摄影师 |
| 黄立智 | 广州邦卓文化传媒有限公司 | 设计总监 |
| 伍立明 | 广州大泓意品广告有限公司 | 总经理 |
| 袁 霖 | 广州市景尚广告有限公司 | 品牌策划 |
| 罗秀张 | 佛山市南海金富雅家具有限公司 | 品牌策划主管 |
| 吴媛媛 | 广州市汇美时尚集团股份有限公司 | 女鞋事业部—视觉—平面设计师 |
| 陈建宏 | 广州艺超广告有限公司 | 客户主任(Account Executive,简称 AE) |

### (二) 参与开发的学校教师团队(见表1-20)

表1-20 参与开发的学校教师团队

| 姓 名 | 单 位 | 职称、职务 |
|---|---|---|
| 蔡 蕾 | 广州市海珠商务职业学校 | 高级教师 |
| 张 燕 | 广州市海珠商务职业学校 | 中级教师 |
| 陈在伟 | 广州市海珠商务职业学校 | 中级教师 |
| 卢迅凡 | 广州市海珠商务职业学校 | 中级教师 |

续上表

| 姓 名 | 单 位 | 职称、职务 |
|---|---|---|
| 李天飞 | 广州市白云工商技师学院 | 副教授 |
| 陈丽苑 | 广州市商贸职业学校 | 讲师 |
| 林 鲲 | 广州纺织学校 | 高级讲师 |
| 李瑾玉 | 广州市番禺区新造职业中学 | 中一教师 |
| 杨 庆 | 广东省工业高级技工学校 | 讲师 |
| 何 昕 | 广州市天河职业高级中学 | 中一教师 |
| 邹 朋 | 中山市建斌中等职业技术学校 | 讲师 |
| 廖荣盛 | 顺德职业技术学院艺术设计系 | 教授/书记 |
| 钟卓丽 | 广州科技职业技术学院 | 讲师 |
| 吕 波 | 顺德职业技术学院 | 讲师 |
| 李蓟宁 | 顺德职业技术学院 | 讲师 |
| 刘小洪 | 顺德职业技术学院 | 讲师 |
| 周 昊 | 顺德职业技术学院 | 讲师 |
| 肖文婷 | 顺德职业技术学院 | 讲师 |
| 温建良 | 顺德职业技术学院 | 讲师 |
| 王明刚 | 顺德职业技术学院 | 副教授 |
| 黄嘉琳 | 顺德职业技术学院 | 副教授 |
| 刘境奇 | 广东轻工职业技术学院艺术设计学院 | 教授/院长 |
| 王大勇 | 广东外语艺术职业学院艺术设计学院 | 教授/院长 |
| 赵榕津 | 广东职业技术学院 | 副教授/主任 |
| 陈海玲 | 广东职业技术学院 | 讲师 |
| 张 潇 | 广东轻工职业技术学院 | 副教授 |
| 张来源 | 番禺职业技术学院 | 教授/院长 |
| 万良保 | 番禺职业技术学院 | 副教授 |
| 张结宜 | 番禺职业技术学院 | 讲师 |
| 李鸿明 | 东莞职业技术学院 | 副教授/高级平面设计师 |
| 周利群 | 深圳职业技术学院艺术设计学院 | 教授/院长 |
| 陈琪莎 | 深圳职业技术学院 | 副教授 |
| 林跃明 | 珠海城市职业技术学院工业与艺术设计学院 | 教授/副院长 |
| 苏冰星 | 佛山职业技术学院 | 副教授 |

续上表

| 姓　名 | 单　位 | 职称、职务 |
|---|---|---|
| 刘　亢 | 河源职业技术学院 | 副教授 |
| 伍毅志 | 广州城市职业学院 | 副教授 |
| 张　刚 | 中山职业技术学院艺术设计学院 | 教授/院长 |
| 王先清 | 广东科技职业技术学院 | 副教授/副院长 |
| 陈华刚 | 广东白云学院 | 副教授/院长 |

# 下 篇
# 中高职衔接美术设计与制作专业—广告设计与制作专业课程标准

## 中职学段：素描课程标准

### 一、课程名称

素描。

### 二、适用专业

本课程既适用于中高职衔接的中职美术设计与制作专业，也适用于中职广告设计专业。

### 三、课程性质

本课程是中职学段美术设计与制作专业的核心课程之一。课程的任务是使学生掌握素描造型基础知识和基本技能，培养学生的视觉语言规律和视觉造型修养，具有正确表现对象的素描造型能力，培养学生的艺术表现能力、创造力和艺术修养，为后续的专业课学习奠定造型基础。

### 四、课程设计

本课程主要培养学生正确表现对象的素描造型能力。

（一）前后课程的关系

1. 与前置课程的关系

本课程无先修课程，广告设计专业就是最先开设的专业课程。

2. 与后续课程的关系

本课程的后续课程是色彩。该课程主要让学生了解色彩基本概念和色彩基础知识，掌握正确的色彩观察、色彩表现方法，培养基本的色彩修养和色彩审美能力，为后续的系列广告设计课程学习奠定良好的基础。

（二）课程设计的思路

本课程以项目引领任务，以视觉造型表现方法为教学重点，以广告设计方向的岗位职业能力为依据，根据学生的认知特点，采用递进与并列相结合的结构展现教学内容、通过案例赏析、案例临摹、造型创作等活动项目来组织教学，使学生在项目活动中学会素描造型基础知识和基本技能，培养学生视觉造型表现的能力。整个课程教学设计由3个项目组成，采用由浅入深、循序渐进的教学模式，让学生在完成项目的同时掌握相关的知识点。

## 五、课程教学目标

本课程的教学目标是使学生理解素描的基础知识，掌握素描的表现方法与技巧，能运用结构表现和调子表现技法表现素描作品，提高学生的艺术感知力、鉴赏力以及创造能力，促进学生设计个性的发展，使学生能对造型表现的关键能力有系统的认识。

1. 知识目标

（1）熟悉素描的工具、材料。

（2）掌握素描造型表现方法和步骤。

（3）掌握正确的观察方法，理解形体的结构规律、透视规律。

（3）理解素描造型语言的运用。

2. 能力目标

（1）掌握素描的明暗造型表现方法。

（2）掌握素描的线条造型表现方法。

（3）能正确用素描方法表现形体的结构、体积、空间、明暗关系、质量感等属性。

（4）具有对形体正确的观察力和表现能力。

（5）能通过网络、书籍等方式对新知识、新技术、新标准进行有效的学习。

3. 素质目标

（1）具备自我学习的能力。

（2）具备良好的语言表达能力。

（3）具备沟通及协调的能力。

（4）培养责任心与职业道德素养。

## 六、参考学时与学分

参考学时：144学时。

参考学分：8学分。

## 七、课程结构（见表2-1）

表2-1 课程结构

| 序号 | 学习任务 | 职业能力 | 知识、技能、态度要求 | 教学活动设计 | 学时 |
|---|---|---|---|---|---|
| 1 | 几何体素描 | 13-04-02、<br>13-04-03、<br>21-11-01、<br>21-11-04、<br>21-12-01 | （1）了解素描的基本概念、掌握素描的基本工具和作画步骤<br>（2）掌握素描的工具、材料和使用方法<br>（3）熟悉美术知识<br>（4）学习观察物体的比例、造型特征，了解形体的结构规律和透视的基础知识<br>（5）能运用结构画法表现单个几何石膏体的造型和结构特征<br>（6）能运用明暗画法表现单个几何体的体积和结构<br>（7）掌握物体组合的构图方法和整体组合的绘画步骤<br>（8）能表现多体组合的空间透视、比例和主次关系<br>（9）运用手绘草图的方式帮助构思、版面规划 | （1）单个几何体临摹，如单个立方体、圆球临摹<br>（2）几何体组合临摹，如长方体、球体、圆锥体等组合的临摹 | 36 |
| 2 | 静物素描 | 13-04-02、<br>13-04-03、<br>21-11-01、<br>21-11-04、<br>21-12-01 | （1）观察了解单个静物体的内部结构、构成特征<br>（2）写生学习对单个静物体的造型和结构的素描表现方法<br>（3）掌握单体静物的结构画法<br>（4）学习单体静物的明暗素描表现方法<br>（5）学习多个静物组合的透视、空间结构关系的观察方法<br>（6）掌握静物组合的构图方法<br>（7）掌握静物组合的结构画法和整体绘画的步骤<br>（8）掌握静物组合结构素描的表现方法<br>（9）学习静物组合的明暗素描表现方法 | （1）单个静物临摹，如陶罐单体临摹<br>（2）静物组合临摹，如陶罐、圆锥体、苹果、浅灰的衬布等静物组合临摹 | 36 |

续上表

| 序号 | 学习任务 | 职业能力 | 知识、技能、态度要求 | 教学活动设计 | 学时 |
|---|---|---|---|---|---|
| 3 | 素描写生 | 13-04-02、13-04-03、21-11-01、21-11-04、21-12-01 | （1）掌握观察物体的比例、造型特征，了解形体的结构规律和透视的基础知识<br>（2）能运用结构画法表现组合石膏体以及静物的造型和结构特征<br>（3）能运用明暗画法表现组合石膏体以及静物的体积和结构<br>（4）掌握静物写生的方法，素描的造型规律、比例、明暗、体积、空间、透视、质感表现的方法等<br>（5）能运用结构画法表现静物组合的造型和结构特征<br>（6）能运用明暗画法表现静物组合的体积和结构<br>（7）运用几何化归纳法进行结构分析，注重形体结构的表现<br>（8）运用概括性的明暗色调，准确表现形体的结构、透视和比例关系<br>（9）以形体结构为依据，分析和把握物体的色调变化<br>（10）注重黑、白、灰整体关系的表现 | 静物组合素描写生，如陶罐、圆柱体、苹果、灰衬布等静物组合素描写生，花瓶、杯、书、水果静物组合素描写生等 | 72 |
| | 合 计 | | | | 144 |

注："职业能力"栏目填写的职业能力编码与附录"1. 美术设计与制作专业—广告设计与制作专业职业能力分析表"中的编码对应。

## 八、资源开发与利用

注重多媒体课件、教学视频等常用课程资源和现代化教学资源的开发和利用，这些资源有利于创设形象生动的工作情境，激发学生的学习兴趣，促进学生对知识的理解和掌握。同时，建议加强常用课程资源的开发，建立多媒体课程资源的数据库，努力实现跨学校多媒体资源共享，提高课程资源利用效率。

## （一）教材编写与使用

建议由一线专业教师和行业专家依据本课程标准编写教材。基本要求有以下四个方面：

（1）结合广告设计专业的知识学习和岗位职业能力的培养，依据本课程标准编写教材。

（2）教材注重岗位职业能力培养，以项目驱动任务，结合案例分析平面广告设计作品的创作、制作，根据学生的认知特点，通过案例分析、模拟训练等项目来编写教材。

（3）教材图文并茂，语言深入浅出。

（4）教材内容与时俱进，引用国内外最新的资源，案例典型，具有可操作性。

## （二）数字化资源开发与利用

（1）积极开发和利用网络课程资源，充分利用诸如电子书籍、电子期刊、数据库、数字图书馆、教育网站和电子论坛等网络信息资源，使教学从单一媒体向多种媒体转变，教学活动从信息的单向传递向双向交换转变，学生从单独学习向合作学习转变。同时应积极创造条件搭建远程教学平台，扩大课程资源的交互空间。

（2）产学合作开发实验实训课程资源，充分利用本行业典型的企业资源，加强产学合作，建立实习实训基地，实践工学交替，满足学生的实习实训需求，同时为学生提供就业机会。

# 九、教学建议

## （一）教学方法

以项目驱动任务，以实际任务为主线展开教学活动。

（1）在教学中应结合教学内容，贯穿素描作品的欣赏与评析，提高学生的审美感受能力和审美判断能力，培养学生的想象力和创造力。

（2）教学中应将素描的结构造型表现和明暗造型表现的训练交替进行并贯穿始终。

（3）采用由浅入深、循序渐进的教学模式，让学生在完成项目制作的同时掌握相关的知识点，充分体现"做中学、学中做"的职业教学理念。

（4）以课堂实践训练和具体分析辅导为教学的主要环节，通过实践范例（包括作品范画、视频以及教师的示范等）的观摩，引导学生更好地理解教学的意图和要求。

（5）应用多种教学方法，激发学生的学习兴趣，培养学生独立学习的能力。

## （二）教学条件

（1）提供多媒体教室、电脑、投影仪等设备。

（2）提供实训室。实训场地有画室，主要设备包括：画架、静物台、射灯、几何石膏体、器皿、水果及衬布等多媒体课室，结合视频教学媒体授课。

## 十、教学评价

注重过程考核,采用项目考核与综合考核相结合,项目考核在每个项目完成后进行,综合考核在整个课程结束后进行,主要让学生运用在各个项目中学会的技能进行组合素描表现。(见表2-2)

表2-2 项目考核

| 项目 | 评价形式 | 考核要求 | 分值 |
| --- | --- | --- | --- |
| 几何体素描 | 作品 | 造型结构表现准确,质感特征清晰,明暗虚实表现合理 | 30 |
| 静物素描 | 作品 | 造型结构表现准确,质感特征清晰,明暗虚实表现合理,画面具有一定视觉感染力 | 30 |
| 素描写生 | 作品 | 造型结构表现准确,质感特征清晰,明暗虚实表现合理,画面具有一定视觉感染力 | 30 |
| 出勤 | | — | 10 |
| 合计 | | | 100 |

(撰稿人:罗汶卿)

# 中职学段：色彩课程标准

## 一、课程名称

色彩。

## 二、适用专业

本课程既适用于中高职衔接的中职美术设计与制作专业，也适用于中职广告设计专业。

## 三、课程性质

本课程是中职学段美术设计与制作专业的核心课程之一。课程的任务是使学生了解色彩基本概念和色彩基础知识，掌握正确的色彩观察、色彩表现方法，培养基本的色彩修养和色彩审美能力，为后续的系列广告设计课程学习奠定良好的基础。

## 四、课程设计

本课程主要培养学生的色彩造型和色彩表现能力。

### （一）前后课程的关系

#### 1. 与前置课程的关系

本课程的前置课程是素描。该课程主要是使学生理解素描的基础知识，掌握素描的表现方法与技巧，能运用结构表现和调子表现技法表现素描作品，提高学生的艺术感知力、鉴赏力以及创造能力，促进学生设计个性的发展，使学生能对造型表现的关键能力有系统的认识。

#### 2. 与后续课程的关系

本课程的后续课程是设计基础。该课程主要是使学生通过理论与实践训练，理解并掌握构成的基本原理和方法，能应用构成的基本原理与视觉语言进行有目的的视觉形象创造，从而培养学生的视觉语言运用能力、创造力和基础造型能力，为专业的设计构思提供方法和途径，同时也为广告设计提供技法支持。

### （二）课程设计的思路

本课程以项目引领任务，以色彩的造型基础表现方法为教学重点，以广告设计方向的岗位职业能力为依据，根据学生的认知特点，采用递进与并列相结合的结构来展现教学内容，通过案例赏析、案例临摹、造型创作等活动项目来组织教学，使学生在项目活动中学会色彩造型基础知识和基本技能，培养学生色彩造型表现的能力。整个课程教学设计由 3 个项目组成，采用由浅入深、循序渐进的教学模式，让学生在完成项目的同时掌握相关的知识点。

## 五、课程教学目标

本课程的教学目标是使学生通过色彩理论的讲授和色彩实践的操作理解色彩绘画的基础知识，掌握运用色彩表现物象的方法与技巧，并通过由浅入深、由简入繁的色彩临摹和写生训练，培养学生敏锐的色彩感觉和正确的色彩观察方法，提高审美意识，从而奠定学生色彩的造型基础，使学生在今后的广告设计中具备一定的专业知识和专业技能。

1. 知识目标
（1）熟悉色彩绘画的工具、材料。
（2）了解色彩绘画的基础知识。
（3）熟悉色彩绘画的方法与步骤。
（4）掌握运用色彩表现物象的方法与技巧。
（5）理解色彩在画面中的独立审美价值。

2. 能力目标
（1）掌握色彩绘画的基本技法。
（2）掌握正确的色彩观察方法和色彩的表现技法。
（3）能够正确表现出色调的冷暖、色相与饱和度。
（4）掌握色彩的色调、空间层次、质感的表现方法。
（5）能运用色彩规律分析对象，合理运用色彩塑造形体。
（6）能通过网络、书籍等方式对新知识、新技术、新标准进行有效的学习。

3. 素质目标
（1）具备自我学习的能力。
（2）具备良好的语言表达能力。
（3）具备沟通及协调的能力。
（4）培养责任心与职业道德素养。

## 六、参考学时与学分

参考学时：72 学时。
参考学分：4 学分。

## 七、课程结构（见表2-3）

表2-3 课程结构

| 序号 | 学习任务 | 职业能力 | 知识、技能、态度要求 | 教学活动设计 | 学时 |
|---|---|---|---|---|---|
| 1 | 色彩基础知识 | 13-04-02、13-04-03、17-01-01～17-01-03、21-11-01、21-11-03、21-11-04、21-12-01 | （1）熟悉色彩绘画工具与材料的基本性能<br>（2）了解色彩的学习方法、观察方法及途径<br>（3）了解色彩的基本原理：色与光的关系。理解色彩的混合分类与色彩三要素<br>（4）了解色彩的基本原理：色相对比、纯度对比、冷暖对比、补色对比<br>（5）熟悉颜料的特性和调色变化的规律<br>（6）学习用笔方法、着色方法 | 色彩基础练习，如色彩的混合练习、色彩调和练习、水粉画的基本画法练习、色调和小色调练习等 | 8 |
| 2 | 静物色彩临摹 | 13-04-02、13-04-03、17-01-01～17-01-03、21-11-01、21-11-03、21-11-04、21-12-01 | （1）掌握色彩绘画的方法与步骤<br>（2）掌握正确的色彩观察方法和色彩的表现技法<br>（3）能够正确表现色调的冷暖、色相与饱和度<br>（4）掌握色彩的色调、空间层次、质感的表现方法 | 不同背景、光照、色调、质地的静物色彩临摹，如单个单色静物临摹、组合静物色彩临摹等 | 32 |
| 3 | 静物色彩写生 | 13-04-02、13-04-03、17-01-01～17-01-03、21-11-01、21-11-03、21-11-04、21-12-01 | （1）掌握色彩静物写生的步骤、表现方法<br>（2）能应用色彩规律分析写生对象的色彩<br>（3）能用正确的色彩观察方法从构图、确定大的体面关系和明暗关系、整体到局部深入刻画、整体调整等环节完成色彩静物写生<br>（4）掌握色彩静物写生的色调、质感、空间感的表现方法<br>（5）掌握不同背景、光照、色调、质地的静物写生的绘画技巧 | 不同背景、光照、色调、质地的静物色彩写生，如单个单色静物写生、组合静物色彩写生等 | 32 |
| | | | 合　　计 | | 72 |

注："职业能力"栏目填写的职业能力编码与附录"1. 美术设计与制作专业—广告设计与制作专业职业能力分析表"中的编码对应。

## 八、资源开发与利用

注重多媒体课件、教学视频等常用课程资源和现代化教学资源的开发和利用,这些资源有利于创设形象生动的工作情境,激发学生的学习兴趣,促进学生对知识的理解和掌握。同时,建议加强常用课程资源的开发,建立多媒体课程资源的数据库,努力实现跨学校多媒体资源共享,提高课程资源利用效率。

### (一)教材编写与使用

建议由一线专业教师和行业专家依据本课程标准编写教材。基本要求有以下四个方面:

(1)结合广告设计专业的知识学习和岗位职业能力的培养,依据本课程内容标准编写教材。

(2)教材注重岗位职业能力培养,以项目驱动任务,结合色彩案例分析色彩绘画的观察方法和色彩的表现技法,根据学生的认知特点,通过案例分析、模拟训练等项目来编写教材。

(3)教材图文并茂,语言深入浅出。

(4)教材内容与时俱进,引用国内外最新的资源、案例典型,具有可操作性。

### (二)数字化资源开发与利用

积极开发和利用网络课程资源,充分利用诸如电子书籍、电子期刊、数据库、数字图书馆、教育网站和电子论坛等网络信息资源,使教学从单一媒体向多种媒体转变,教学活动从信息的单向传递向双向交换转变,学生从单独学习向合作学习转变。同时,应积极创造条件搭建远程教学平台,扩大课程资源的交互空间。

## 九、教学建议

### (一)教学方法

以项目驱动任务,以实际任务为主线展开教学活动。

(1)在教学中应结合教学内容,贯穿色彩作品的欣赏与评析,提高学生的审美感受能力和审美判断能力,培养学生的想象力和创造力。

(2)教学中应将色彩绘画的观察方法和色彩的表现技法的训练交替进行并贯穿始终。

(3)采用由浅入深、循序渐进的教学模式,让学生在完成项目制作的同时掌握相关的知识点,充分体现"做中学、学中做"的职业教学理念。

(4)以课堂实践训练和具体分析辅导为教学的主要环节,通过实践范例(包括作品范画、视频以及教师的示范等)的观摩,引导学生更好地理解教学的意图和要求。

### (二)教学条件

(1)提供多媒体教室、电脑、投影仪等设备。

(2) 提供实训室。实训场地有画室,主要设备包括:画架、静物台、射灯、几何石膏体、器皿、水果及衬布等多媒体课室,结合视频教学媒体授课。

## 十、教学评价

注重过程考核,采用项目考核与综合考核相结合,项目考核在每个项目完成后进行,综合考核在整个课程结束后进行,主要让学生运用在各个项目中学会的技能进行组合素描表现。(见表2-4)

表2-4 项目考核

| 项目 | 考核形式 | 考核要求 | 分值 |
| --- | --- | --- | --- |
| 色彩基础知识 | 作品 | 色彩表现准确,色彩关系清晰 | 10 |
| 静物色彩临摹 | 作品 | 色调和谐,色彩关系清晰,画面具有一定视觉感染力 | 40 |
| 静物色彩写生 | 作品 | 构图完整,色调和谐,色彩关系清晰,画面具有一定视觉感染力 | 40 |
| 出勤 | | — | 10 |
| 合 计 | | | 100 |

(撰稿人:罗汶卿)

# 中职学段：设计基础课程标准

## 一、课程名称

设计基础。

## 二、适用专业

本课程既适用于中高职衔接的中职美术设计与制作专业，也适用于中职广告设计专业。

## 三、课程性质

本课程是中职学段美术设计与制作专业的核心课程之一。课程的任务是使学生通过理论与实践训练，理解并掌握构成的基本原理和方法，能应用构成的基本原理与视觉语言进行有目的的视觉形象创造，从而培养学生的视觉语言运用能力、创造力和基础造型能力，为专业的设计构思提供方法和途径，同时也为广告设计提供技法支持。它是以素描与色彩课程的学习为基础，也是进一步学习广告设计课程的基础。

## 四、课程设计

本课程主要培养学生应用构成的基本原理与视觉语言进行有目的的视觉形象创造的能力。

### （一）前后课程的关系

#### 1. 与前置课程的关系

本课程的前置课程是色彩。该课程主要培养学生通过色彩理论的讲授和色彩实践的操作理解色彩绘画的基础知识，掌握运用色彩表现物象的方法与技巧，并通过由浅入深、由简入繁的色彩临摹和写生训练培养学生敏锐的色彩感觉和正确的色彩观察方法，提高审美意识，从而奠定学生色彩的造型基础，使学生在今后的广告设计中具备一定的专业知识和专业技能。

#### 2. 与后续课程的关系

本课程的后续课程是图形图像制作。该课程使学生掌握图形图像处理软件 Photoshop 的基本操作及其图形图像的设计、加工和处理方法，能运用 Photoshop 设计软件图像处理的技术、方法、思维方式在实际岗位工作中将采集的各类素材按设计意向进行处理与加工，并能依据实际需求设计制作简单的海报、广告作品，为后续的系列广告设计课程学习奠定良好的基础，掌握从事广告设计职业岗位基础工作的技术和职业能力。

## （二）课程设计的思路

本课程以实际任务为引领，以平面广告设计制作为主线，以广告设计专业方向的岗位职业能力为依据，根据学生的认知特点，采用递进与并列相结合的结构来展现教学内容，通过案例分析讲解、模拟练习等活动项目来组织教学，使学生在项目活动中学会设计与制作各类商业广告，培养学生能够独立设计与制作商业广告的能力。整个课程教学设计由9个项目组成，采用由浅入深、循序渐进的教学模式，让学生在完成项目的同时掌握相关的知识点。

## 五、课程教学目标

本课程的教学目标是使学生理解平面构成、设计色彩、立体构成的基础知识；掌握艺术设计的形式美法则、设计色彩的象征性与设计色彩所产生的心理效应、立体构成要素的材料语言的表达；培养学生的形式美法则和色彩认知、审美、色彩语言驾驭、立体形态的表现方法。

1. 知识目标

（1）了解平面构成、色彩构成、立体构成的基础知识。
（2）掌握形式美法则。
（3）掌握重复、对称、渐变、变异、发射、密集、错视、肌理等构成原理及方法。
（4）掌握各种色彩对比与调和的构成方法。
（5）了解立体构成的造型要素。
（5）掌握平面构成、色彩构成、立体构成的创作方法和技法。

2. 能力目标

（1）能运用形式美法则赏析构成作品。
（2）能运用平面构成的构成方法进行相关图案创作。
（3）能运用明度对比、纯度对比、色相对比、冷暖对比的调和方法进行色彩处理。
（4）能运用立体构成中面材、线材的不同组织形式进行立体创作。
（5）能通过网络、书籍等方式对新知识、新技术、新标准进行有效的学习。

3. 素质目标

（1）具备自我学习的能力。
（2）具备良好的语言表达能力。
（3）具备沟通及协调的能力。
（4）培养责任心与职业道德素养。

## 六、参考学时与学分

参考学时：108学时。
参考学分：6学分。

## 七、课程结构（见表 2-5）

表 2-5　课程结构

| 序号 | 学习任务 | 职业能力 | 知识、技能、态度要求 | 教学活动设计 | 学时 |
|---|---|---|---|---|---|
| 1 | 构成图案欣赏评析 | 11-01-01、21-11-02、21-11-03 | （1）了解平面构成、色彩构成、立体构成的基础知识，在设计中的应用<br>（2）掌握图形图像的审美价值与图像有机组合的规律及美的形式原理<br>（3）理解点、线、面的概念及特性，能分辨设计作品中的点、线、面 | （1）赏析构成作品<br>（2）点、线、面图案创作 | 6 |
| 2 | 独立基本形创作 | 11-02-05、21-11-02、21-11-07、21-11-20 | （1）了解形象的类型<br>（2）学会利用形象组合与分离方法，进行单形与复形图案的创作 | （1）赏析构成作品<br>（2）形象单形与复形的创作 | 6 |
| 3 | 平面构成形式图案创作 | 11-01-01、11-02-05、14-01-04、21-11-02、21-11-07、21-11-18、21-11-20 | （1）理解骨骼的概念、作用，学会判断构成图案的骨骼作用<br>（2）掌握形式美法则。如对比、类比、夸张、对称、主次、明暗、变异、重复、矛盾、放射、节奏、粗细、冷暖、面积等形式<br>（3）掌握肌理的表现方法，学会进行多种肌理方法创作<br>（4）能说出形式美法则在平面构成中的体现 | （1）各构成形式的概念特点讲解<br>（2）赏析构成作品<br>（3）创作构成形式图案 | 30 |
| 4 | 色环制作 | 11-02-05、14-01-04、21-11-02、21-11-07、21-11-18、21-11-20 | （1）能讲述色彩三属性的概念及其体现；掌握提高、降低色彩明度和纯度的方法<br>（2）了解色彩混合的原理<br>（3）理解色彩的原色、间色、复色的概念和色彩混合原理；学会通过三原色制作12色相环 | （1）赏析色彩构成作品，理解相关概念，如色彩产生原理、色彩的分类知识、色彩的三大基本属性学习、色光混合的知识点、空间混合知识点讲解<br>（2）色相环制作 | 6 |

续上表

| 序号 | 学习任务 | 职业能力 | 知识、技能、态度要求 | 教学活动设计 | 学时 |
|---|---|---|---|---|---|
| 5 | 色彩对比与调和的处理设计 | 13-04-02~<br>13-04-05、<br>21-11-02、<br>21-11-03、<br>21-12-01 | (1) 了解色调构成与色彩面积、形状、位置的关系<br>(2) 了解色调构成的基本方法<br>(3) 能运用明度对比、纯度对比、色相对比、冷暖对比的调和方法进行色彩处理<br>(4) 了解色彩的情感特征 | 色彩对比与调和的处理设计，如色调与面积、色彩与形状、色彩与位置的色彩对比与调和的处理设计 | 30 |
| 6 | 色彩心理与功能的表现设计 | 13-04-02~<br>13-04-05、<br>21-11-02、<br>21-11-03、<br>21-12-01 | (1) 了解色彩的心理，掌握色彩的情绪与感情的表达<br>(2) 知道各种色彩所能带出的功能表现，学会进行色彩功能画面的设计创作 | (1) 赏析色彩构成作品，理解色彩心理、色彩功能表现相关知识<br>(2) 运用色彩心理与功能相关知识设计并构成作品 | 6 |
| 7 | 纸材的立体制作 | 11-01-01、<br>11-02-05、<br>21-11-02、<br>21-11-07、<br>21-11-18 | (1) 了解立体构成的概念、主要因素、基本元素的学习<br>(2) 能运用形式美法则对立体作品进行分析<br>(3) 能运用纸浮雕的制作方法进行创作<br>(4) 了解纸材的材料特性，学会根据创作作品需要挑选合适材料 | (1) 赏析立体构成作品，理解形式美法则在立体作品中的体现<br>(2) 了解不同材质，感受不同纸张的特性及肌理效果<br>(3) 掌握纸浮雕的制作方法<br>(4) 纸浮雕的创作 | 6 |
| 8 | 线材立体制作 | 13-04-02~<br>13-04-05、<br>21-11-02、<br>21-11-03、<br>21-12-01 | (1) 了解线材的特性、种类<br>(2) 能运用形式美法则对线材作品进行分析<br>(3) 能运用线材立体形态不同的组织方法进行线材立体创作 | (1) 赏析立体构成作品，理解形式美法则在线材作品中的体现<br>(2) 运用不同种类的线材根据不同的组织方式进行线材创作 | 6 |
| 9 | 综合材料立体制作 | 13-04-02~<br>13-04-05、<br>21-11-02、<br>21-11-03、<br>21-12-01 | (1) 了解各种材料不同的特性<br>(2) 能运用不同材质、不同肌理效果的材料根据形式美法则进行组合，突出主题和表现美感 | (1) 赏析综合材料立体构成作品，理解形式美法则在立体作品中的运用<br>(2) 掌握综合材料立体构成的制作方法和材料使用<br>(3) 综合材料立体构成作品的设计制作 | 12 |
| 合　计 | | | | | 108 |

注："职业能力"栏目填写的职业能力编码与附录"1. 美术设计与制作专业—广告设计与制作专业职业能力分析表"中的编码对应。

## 八、资源开发与利用

注重多媒体课件、教学视频等常用课程资源和现代化教学资源的开发和利用,这些资源有利于创设形象生动的工作情境,激发学生的学习兴趣,促进学生对知识的理解和掌握。同时,建议加强常用课程资源的开发,建立多媒体课程资源的数据库,努力实现跨学校多媒体资源共享,提高课程资源利用效率。

### (一)教材编写与使用

必须依据本课程标准选用或编写教材。要充分体现项目课程设计思想,以项目为载体实施教学,项目选取要科学,可操作性强。基本要求有以下四个方面:
(1)依据本课程标准选用或编写教材,将知识学习与能力培养紧密结合。
(2)教材体现项目课程设计思想,以项目驱动任务,以实际任务为引领,有效促成学习过程与工作过程的一体化转换。
(3)教材内容需考虑中职学生的认知水平、兴趣爱好。学习项目或任务要由易到难,有简到繁,层层递进。
(4)教材图文并茂,内容与时俱进,案例典型,具有可操作性。

### (二)数字化资源开发与利用

积极开发和利用网络课程资源,充分利用诸如电子书籍、电子期刊、数据库、数字图书馆、教育网站和电子论坛等网络信息资源,使教学从单一媒体向多种媒体转变,教学活动从信息的单向传递向双向交换转变,学生从单独学习向合作学习转变。同时应积极创造条件搭建远程教学平台,扩大课程资源的交互空间。

## 九、教学建议

### (一)教学方法

以项目驱动任务,以实际任务为主线展开教学活动。
(1)教学中注重学生的学习兴趣的激发,使学生在快乐中掌握技能,培养独立学习的能力,提高学习效率。
(2)案例教学法。展示与专业相关的优秀作品,运用构成知识进行分析,有助于学生的理解。
(3)分层教学。对于基础不好的学生可以采用临摹或仿做的方式进行学习,对于基础较好的学生尽量引导、启发学生的创意。
(4)学习任务可以与本专业具体工作任务相结合,与岗位接轨,重视职业能力的培养。
(5)在教学过程中注重讲练结合,边学边做,通过教师示范、学生分组讨论、训练互动等形式组织教学。

## （二）教学条件

利用多媒体课室、校园局域网络、一体化教学终端进行教学。

## 十、教学评价

注重过程考核，采用项目考核与综合考核相结合，项目考核在每个项目完成后进行，综合考核在整个课程结束后进行，主要让学生运用在各个项目中学会的技能进行组合素描表现。（见表2-6）

表2-6 项目考核

| 项目 | 考核形式 | 考核要求 | 分值 |
| --- | --- | --- | --- |
| 构成图案欣赏评析 | PowerPoint | 能结合图片、口述、文字进行版式构成 | 5 |
| 独立基本形创作 | 作品 | 能利用形象组合与分离方法，进行单形与复形图案的创作，并具有美感 | 5 |
| 平面构成形式图案创作 | 作品 | 运用对称、重复、近似、渐变、发射、变异、密集、对比、错视等构成方法并进行相关图案创作，并符合形式美法则 | 20 |
| 色环制作 | 作品 | 利用三原色进行调色，组成12或24色环。色相、色阶变化阶段差要一致 | 5 |
| 色彩对比与调和的处理设计 | 作品 | 能运用色彩对比与调和的方法进行色彩处理 | 30 |
| 色彩心理与功能的表现设计 | 作品 | 能运用色彩心理的相关知识进行色彩表现，并具有艺术表现力 | 5 |
| 纸材的立体制作 | 作品 | 能运用纸浮雕的制作方法进行仿做或创作 | 5 |
| 线材立体制作 | 作品 | 能运用形式美法则进行线材立体创作 | 5 |
| 综合材料立体制作 | 作品 | 能利用材料的特性进行立体创作，并具有艺术表现力 | 10 |
| 出勤 | — | | 10 |
| 合计 | | | 100 |

（撰稿人：卢迅凡）

# 中职学段：图形图像制作课程标准

## 一、课程名称

图形图像制作。

## 二、适用专业

本课程既适用于中高职衔接的中职美术设计与制作专业，也适用于中职广告设计专业。

## 三、课程性质

本课程是中职学段美术设计与制作专业的核心课程之一。课程的任务是使学生掌握图形图像处理软件 Photoshop 的基本操作及其图形图像的设计、加工和处理方法，培养学生从事广告制作应具备的图形图像设计与制作能力，为后续的广告设计课程学习奠定良好的基础。

## 四、课程设计

本课程主要培养学生广告设计、制作平面广告作品的能力。

### （一）前后课程的关系

1. 与前置课程的关系

本课程的前置课程是设计基础。该课程主要使学生了解平面构成、设计色彩、立体构成的基础知识，掌握艺术设计的形式美法则、设计色彩的象征性与设计色彩所产生的心理效应、立体构成要素的材料语言的表达；培养学生的形式美法则和色彩认知、审美、色彩语言驾驭、立体形态的表现方法。

2. 与后续课程的关系

本课程的后续课程是计算机辅助设计。该课程主要使学生掌握 CorelDRAW、Illustrator 等设计软件的使用方法，培养学生运用软件绘制图形、实现创意设计、设计制作平面作品的能力，能够运用 CorelDRAW、Illustrator 等设计软件完成平面设计作品。

### （二）课程设计的思路

本课程以实际任务为引领，以广告设计专业方向的岗位职业能力为依据，根据学生的认知特点，采用递进与并列相结合的结构来展现教学内容，通过案例分析讲解、模拟练习等活动项目来组织教学，使学生在项目活动中学会 Photoshop 设计软件图形图像处理的基本知识、基础概念和基本操作技能。整个课程教学设计由 5 个项目组成，项目之间的设计采用由浅入深、循序渐进的教学模式，让学生在完成项目的同时掌握相关的知识点。

## 五、课程教学目标

本课程的教学目标是使学生掌握图形图像制作软件 Photoshop 的基本操作及其图形图像的设计、加工和处理方法，能运用 Photoshop 设计软件图像处理的技术、方法、思维方式在实际岗位工作中将采集的各类素材按设计意向进行处理与加工，并能依据实际需求设计制作简单的海报、广告作品，为后续的系列广告设计课程学习奠定良好的基础，并掌握从事广告设计职业岗位基础工作的技术和职业技能。

### 1. 知识目标

（1）了解 Photoshop 设计软件基础知识。
（2）掌握 Photoshop 设计教材的图形绘制、图像处理的操作技巧。
（3）掌握 Photoshop 设计软件点阵图绘制、路径工具勾图的方法。
（4）了解 Photoshop 设计软件的选择区域、通道、路径、图层、滤镜等相关概念并能熟练运用。
（5）掌握 Photoshop 设计软件的图形图像合成的基本方法与技巧。

### 2. 能力目标

（1）能熟练运用 Photoshop 设计软件操作界面和功能。
（2）能按要求对图片进行调整（如扫描、抠图、修图、调色等工作，严格按照设计标准完成任务）。
（3）能运用 Photoshop 设计软件按要求设定版面。
（4）能按平面广告作品输出要求输出广告作品。
（5）能够对图片效果进行分析，使用了哪些命令，并能够独立按要求制作。
（6）能够运用 Photoshop 设计软件点阵图绘制的方法，按要求绘制图像。
（7）能够运用 Photoshop 设计软件路径工具对图片进行勾图、去除底色。
（8）能够运用图层效果样式命令做出各种效果。
（9）能够按要求对图片进行色彩修饰。
（10）能够运用滤镜技术做出规定的效果图。
（11）能够运用 Photoshop 设计软件制作特效字。
（12）能运用 Photoshop 设计软件的合成技术合成图形。
（13）能通过网络、书籍等方式对新知识、新技术、新标准进行有效的学习。

### 3. 素质目标

（1）具备自我学习的能力。
（2）具备良好的语言表达能力。
（3）具备沟通及协调的能力。
（4）培养责任心与职业道德素养。

## 六、参考学时与学分

参考学时：110 学时。
参考学分：6 学分。

## 七、课程结构（见表 2-7）

表 2-7　课程结构

| 序号 | 学习任务 | 职业能力 | 知识、技能、态度要求 | 教学活动设计 | 学时 |
|---|---|---|---|---|---|
| 1 | Photoshop 的基本操作 | 11-02-01～<br>11-02-03、<br>13-05-01、<br>13-05-02、<br>13-06-01～<br>13-06-05，<br>13-07-03～<br>13-07-07<br>21-04-01～<br>21-04-04<br>21-11-07<br>21-11-14<br>21-12-01 | （1）了解 Photoshop 设计软件的安装、启动和退出，及软件中的基本概念<br>（2）了解 Photoshop 设计软件基础知识，熟悉 Photoshop 相关参数设置<br>（3）熟悉 Photoshop 设计软件工作界面的功能以及设置技巧<br>（4）了解CMYK、JPG、RGB、Lab等颜色模式的特点和使用环境，索引模式、灰度模式的转换方式和 Photoshop 设计软件中颜色调板和拾色器的使用，懂得印刷安全色和 Web 安全色的使用<br>（5）熟悉常见的几种图像文件保存格式，及其各自特点<br>（6）了解工具面板的功能基本运用，熟悉工具箱的工具使用 | （1）案例赏析与演示<br>（2）在案例临摹中熟悉软件工作界面，如通过输入数码照片掌握软件的安装、启动、相关参数设置、保存和退出等 | 6 |
| 2 | Photoshop 的图像处理 | 11-02-01～<br>11-02-03、<br>13-05-01、<br>13-05-02、<br>13-06-01～<br>13-06-05，<br>13-07-03～<br>13-07-07、<br>21-04-01～<br>21-04-04<br>21-11-07<br>21-11-14<br>21-12-01 | （1）掌握图像编辑功能，能用抓手、导航器、放大缩小等工具来调整视图范围，用画布大小、图像大小等工具调整图像尺寸，用变换、裁剪等命令调整不规则图像<br>（2）掌握选区工具的使用方法，能用选区工具进行抠图、图像绘制填充操作，能用选区工具为图形添加投影效果<br>（3）能用仿制图章工具和图案图章工具去除水印、合成图像<br>（4）掌握橡皮擦工具使用方法，能用背景橡皮擦工具提取前景色<br>（5）能用魔术橡皮擦工具快速擦除所选对象颜色<br>（6）掌握修复工具的使用方法，能对图像进行修复及美化<br>（7）掌握色彩修复工具的使用方法，能用模糊工具组柔化或清晰图像边缘、用减淡工具组调整对象曝光度和色彩饱和度 | 案例临摹，如人像数码照片的基础处理、旧照片的修复等 | 24 |

续上表

| 序号 | 学习任务 | 职业能力 | 知识、技能、态度要求 | 教学活动设计 | 学时 |
|---|---|---|---|---|---|
| 2 | Photoshop 的图像处理 | 11-02-01～<br>11-02-03、<br>13-05-01、<br>13-05-02、<br>13-06-01～<br>13-06-05、<br>13-07-03～<br>13-07-07、<br>21-04-01～<br>21-04-04、<br>21-11-07、<br>21-11-14、<br>21-12-01 | （8）掌握色彩调整与校正的方法，能用色阶、曲线、亮度、对比度命令修复图片颜色。用色彩平衡命令、滤镜命令修改图片色彩；用色相、饱和度工具调整图片颜色；用替换颜色命令，做颜色替换处理；用变化命令更改图片颜色<br>（9）理解 Photoshop 设计软件图层的作用，能创建新图层、创建组、复制、移动、删除图层；能使用图层链接、排列、合并等命令；能用图层调板绘图层进行隐藏、锁定，调节图层的透明度<br>（10）理解图层样式的作用，能对图层样式中的参数进行调整，使用图层样式进行效果调整 | 案例临摹，如人像数码照片的基础处理、旧照片的修复等 | |
| 3 | Photoshop 的图形绘制 | 11-02-01～<br>11-02-03、<br>13-05-01、<br>13-05-02、<br>13-06-01～<br>13-06-06、<br>13-07-03～<br>13-07-07、<br>21-04-01～<br>21-04-04、<br>21-11-07、<br>21-11-14、<br>21-12-01 | （1）掌握画笔工具的使用方法<br>（2）掌握画笔预设功能调整画笔的大小、硬度、画笔笔尖形状的方法<br>（3）能用画笔、面板调节画笔表现效果<br>（4）能用颜色替换工具修改目标对象的颜色<br>（5）掌握油漆桶和渐变工具的使用方法<br>（6）能用油漆桶填充颜色<br>（7）掌握渐变编辑器的使用方法<br>（8）理解图层混合模式的特点，能用图层混合模式两个图层进行调整<br>（9）掌握路径工具的使用方法，能熟练使用钢笔工具和自由钢笔工具，用路径描绘图像，能实现路径和选区之间的相互转化<br>（10）能用路径工具填充与描边，制作出特殊的图案效果<br>（11）掌握形状工具的使用方法，能用自定义形状工具对已建立的形状进行编辑 | 案例临摹，如临摹设计标识标志、动植物图形、各类图标、卡通形象、电脑桌面装饰画、主题贺卡等 | 24 |

续上表

| 序号 | 学习任务 | 职业能力 | 知识、技能、态度要求 | 教学活动设计 | 学时 |
|---|---|---|---|---|---|
| 4 | Photoshop 的字体设计 | 11-02-01~<br>11-02-03、<br>13-05-01~<br>13-05-02、<br>13-06-01~<br>13-06-06、<br>13-07-03~<br>13-07-07、<br>21-04-01~<br>21-04-04、<br>21-11-07、<br>21-11-14、<br>21-12-01 | （1）掌握文字工具的使用方法，能创建点文字、段落文字，会设置文字、段落参数；会用文字变形工具制作特殊造型文字<br>（2）能用文字工具排版<br>（3）能用图层样式和文字变形工具设计文字特殊效果<br>（4）掌握路径工具制作抽象文字的方法；掌握用文字适合路径、填充路径、路径运算等技巧设计文字<br>（5）能综合运用 Photoshop 设计软件设计特殊文字效果 | 文字案例临摹，如画册文字排版、特殊造型字体设计、各类特殊效果字体设计等 | 24 |
| 5 | Photoshop 的综合运用 | 11-02-01~<br>11-02-03、<br>13-05-01~<br>13-05-02、<br>13-06-01~<br>13-06-06、<br>13-07-03~<br>13-07-07、<br>21-04-01~<br>21-04-04、<br>21-11-07、<br>21-11-14、<br>21-12-01 | （1）掌握图层蒙版的使用方法，并用图层蒙版制作图像合成、投影效果及照片局部修改<br>（2）掌握滤镜的使用方法，能安装外置滤镜<br>（3）掌握匹配颜色、渐变映射等工具的使用方法<br>（4）掌握通道工具的使用方法，会用通道工具提取选区、勾勒人像头发以及印刷专色的输出<br>（5）能运用 Photoshop 设计软件完成图片合成和各类广告作品的立体效果图 | 广告作品临摹，如临摹商业海报、利用滤镜为海报模特修图、综合运用 Photoshop 设计软件完成海报图片合成、文字排版、海报效果图制作，临摹包装设计作品、画册作品等 | 32 |
| | | | 合　计 | | 110 |

注："职业能力"栏目填写的职业能力编码与附录"1. 美术设计与制作专业—广告设计与制作专业职业能力分析表"中的编码对应。

## 八、资源开发与利用

注重多媒体课件、教学视频等常用课程资源和现代化教学资源的开发和利用，这些资源有利于创设形象生动的工作情境，激发学生的学习兴趣，促进学生对知识的理解和掌握。同时，建议加强常用课程资源的开发，建立多媒体课程资源的数据库，努力实现跨学校多媒体资源共享，提高课程资源利用效率。

## （一）教材编写与使用

建议由一线专业教师和行业专家依据本课程标准编写教材。基本要求有以下四个方面：

（1）结合广告设计专业的知识学习和岗位职业能力的培养，依据本课程标准编写教材。

（2）教材注重岗位职业能力培养，以项目驱动任务，根据学生的认知特点，通过案例分析、模拟训练等项目来编写教材。

（3）教材图文并茂，语言深入浅出。

（4）教材内容与时俱进，引用国内外最新的资源，案例典型，具有可操作性。

## （二）数字化资源开发与利用

（1）积极开发和利用网络课程资源，充分利用诸如电子书籍、电子期刊、数据库、数字图书馆、教育网站和电子论坛等网络信息资源，使教学从单一媒体向多种媒体转变，教学活动从信息的单向传递向双向交换转变，学生从单独学习向合作学习转变。同时应积极创造条件搭建远程教学平台，扩大课程资源的交互空间。

（2）产学合作开发实验实训课程资源，充分利用本行业典型的企业资源，加强产学合作，建立实习实训基地，实践工学交替，满足学生的实习实训需求，同时为学生提供就业机会。

# 九、教学建议

## （一）教学方法

以项目驱动任务，以实际任务为主线展开教学活动。

（1）在教学过程中通过模拟案例分析、模拟训练等项目使学生掌握 Photoshop 设计软件图形图像制作的方法与技巧。

（2）采用由浅入深、循序渐进的教学模式，让学生在完成项目制作的同时掌握相关的知识点，充分体现"做中学、学中做"的职业教学理念。

（3）应用多种教学方法，激发学生的学习兴趣，培养学生独立学习的能力。

## （二）教学条件

（1）提供多媒体教室，结合视频教学媒体授课。

（2）提供实训室。实训场地有教室和实训机房，主要设备包括：配备双核中央处理器、内存 2 G、硬盘 120 G 以上的电脑主机，17 英寸显示器，配置网络教学系统，安装有 Photoshop、Illustrator、CorelDRAW、Flash、Dreamweaver、PageMaker 等平面设计软件。

## 十、教学评价

注重过程考核，采用项目考核与综合考核相结合，项目考核在每个项目完成后进行，综合考核在整个课程结束后进行，主要让学生运用在各个项目中学会的技能进行综合项目的制作。（见表2-8）

表2-8　项目考核

| 项目 | 考核形式 | 考核要求 | 分值 |
| --- | --- | --- | --- |
| Photoshop 的基本操作 | 作品 | 正确设置 Photoshop 界面相关参数设置、保存文件 | 5 |
| Photoshop 的图像处理 | 作品 | 合理运用工具正确处理数码照片，画面色彩协调，符合印刷输出要求 | 20 |
| Photoshop 的图形绘制 | 作品 | 合理运用工具正确绘制图形，画面色彩协调，符合印刷输出要求 | 20 |
| Photoshop 的字体设计 | 作品 | 合理运用工具设计字体，色彩协调，符合印刷输出要求 | 20 |
| Photoshop 的综合运用 | 作品 | 合理运用工具设计各种素材进行创作和加工，作品有个性，画面色彩协调，符合印刷输出要求 | 25 |
| 出勤 | — | | 10 |
| 合　　计 | | | 100 |

（撰稿人：何雪莹）

# 中职学段：计算机辅助设计课程标准

## 一、课程名称

计算机辅助设计。

## 二、适用专业

本课程既适用于中高职衔接的美术设计与制作专业，也适用于中职广告设计专业。

## 三、课程性质

本课程是中职学段美术设计与制作专业的核心课程之一。课程的任务是通过案例教学，使学生学会使用广告设计专业常用设计软件 CorelDRAW、Illustrator 等设计软件的操作，为后续的系列广告设计课程学习奠定良好的设计软件运用基础。

## 四、课程设计

本课程主要培养学生的 CorelDRAW、Illustrator 等设计软件操作能力。

### （一）前后课程的关系

#### 1. 与前置课程的关系

本课程的前置课程是图形图像制作。该课程主要使学生掌握图形图像处理软件 Photoshop 的基本操作及其图形图像的设计、加工和处理方法，能运用 Photoshop 设计软件图像处理的技术、方法、思维方式在实际岗位工作中将采集的各类素材按设计意向进行处理与加工，并能依据实际需求设计及制作简单的海报、广告设计作品，为后续的系列广告设计课程学习奠定良好的基础，并掌握从事广告设计岗位基础工作的技术和职业能力。

#### 2. 与后续课程的关系

本课程的后续课程是摄影基础。通过学习摄影基础使学生掌握摄影的基本知识，了解照相机的结构及其作用，掌握摄影器材的使用技巧，具备摄影的取景构图能力、布光能力、影像后期调整能力，培养学生的广告摄影造型的艺术修养和创作能力。

### （二）课程设计的思路

本课程以广告设计中的设计软件实际运用为主线，通过案例学习和训练，培养学生的设计软件操作能力，并对广告设计的职业岗位要求有所了解。整个课程设计由 4 个项目组成，采用由浅入深、循序渐进的教学模式，让学生在完成项目的同时掌握相关的知识点。

## 五、课程教学目标

本课程的教学目标是使学生掌握广告设计中常用设计软件 CorelDRAW、Illustrator 的操作技巧，并运用在图形设计、插画、广告设计、包装设计等工作领域，能够使用 CorelDRAW、Illustrator 设计软件进行专业相关的广告创作、版面编排和图形设计。

1. 知识目标

（1）熟悉 CorelDRAW、Illustrator 设计软件的界面，了解软件各个组成部分的基本用途。

（2）掌握 CorelDRAW、Illustrator 设计软件的基本操作技巧。

（2）掌握 CorelDRAW、Illustrator 设计软件各种绘图工具的使用方法。

（3）掌握 CorelDRAW、Illustrator 设计软件的图形与填充颜色类工具的使用方法。

2. 能力目标

（1）熟悉 CorelDRAW、Illustrator 设计软件的使用方法。

（2）能运用 CorelDRAW、Illustrator 设计软件完成广告设计的图形图像处理和版面设计。

（3）能运用 CorelDRAW、Illustrator 设计软件完成矢量图形的绘制。

（4）熟记设计软件中常用快捷键。

（5）能熟练地按要求完成海报、包装等初级广告制作内容。

3. 素质目标

（1）具备自我学习的能力。

（2）具备良好的语言表达能力。

（3）具备沟通及协调的能力。

（4）培养责任心与职业道德素养。

## 六、参考学时与学分

参考学时：72 学时。

参考学分：4 学分。

## 七、课程结构（见表2-9）

表2-9 课程结构

| 序号 | 学习任务 | 职业能力 | 知识、技能、态度要求 | 教学活动设计 | 学时 |
|---|---|---|---|---|---|
| 1 | CorelDRAW、Illustrator图形设计 | 11-02-01～11-02-07、13-05-01、13-05-02、13-06-01～13-06-05、21-12-01 | （1）掌握CorelDRAW、Illustrator等设计软件的安装、启动、退出及其基本概念<br>（2）了解CorelDRAW、Illustrator等设计软件基础知识，熟练掌握相关参数设置<br>（3）熟悉CorelDRAW、Illustrator等设计软件工作界面的功能以及设置技巧<br>（4）了解常用术语、概念及其主要功能和优势，色彩的基础常识，包括颜色模式、印刷色和专色<br>（5）能运用工具面板基本功能，熟悉工具箱的工具使用方法<br>（6）掌握各种工具绘制物体的相关设定和操作过程；掌握路径编辑工具的功能<br>（7）掌握CorelDRAW、Illustrator等设计软件各种绘图工具，并对所绘制图形进行填色处理<br>（8）能用各种不同的路径工具进行描边、填充颜色或图案等效果处理<br>（9）掌握色彩、画笔、外观、符号面板的使用方法<br>（10）熟记设计软件常用快捷键<br>（11）能用CorelDRAW、Illustrator等设计软件完成电脑图形制作<br>（12）依据既定草图和确定的创意概念进行图形创意表现 | （1）熟悉软件的基本操作<br>（2）临摹标志设计、卡通图形等 | 8 |

续上表

| 序号 | 学习任务 | 职业能力 | 知识、技能、态度要求 | 教学活动设计 | 学时 |
|---|---|---|---|---|---|
| 2 | CorelDRAW、Illustrator 版式设计 | 11-02-01~<br>11-02-07、<br>13-05-01、<br>13-05-02、<br>13-06-01~<br>13-06-05、<br>21-12-01 | （1）掌握文字工具的使用方法（包括字体、字号、行距、字距、字距微调、基线设定等）<br>（2）掌握图层、对齐、路径查找器等面板的使用方法与技巧<br>（3）能运用 CorelDRAW、Illustrator 等设计软件图形、落文本的输入与编排技巧<br>（4）能用文字、滤镜等工具制作特效文字<br>（5）掌握图形或图片旋转、比例缩放、变形、自由变换、橡皮擦、剪刀、美工刀等工具的使用方法<br>（6）掌握软件中对象的选择工具、排列和对齐工具、图层面板工具的基本使用方法和基本功能、懂得图层管理对象工具的使用方法<br>（7）熟记设计软件中常用快捷键<br>（8）依据既定草图和确定的创意概念进行标题字体创意表现<br>（9）依据既定草图和确定的创意概念进行排版 | 临摹广告案例，如通过临摹宣传单的训练掌握绘制文字工具的使用，通过临摹各类立体文字，如空心文字、金属文字等，掌握文字、滤镜工具的使用技巧 | 20 |
| 3 | CorelDRAW、Illustrator 海报设计 | 11-02-01~<br>11-02-07、<br>13-05-01、<br>13-05-02、<br>13-06-01~<br>13-06-05、<br>21-12-01 | （1）掌握辅助设计和打印输出标尺、参考线和网格的使用方法，以及度量单位的设置和度量单位之间的换算<br>（2）能运用 Illustrator、CorelDRAW 等设计软件精确地按实际尺寸输出（含出血位）客户要求设定的版面<br>（3）掌握渐变、网格和混合的应用技巧<br>（4）掌握色彩亮度、色相饱和度、调和曲线、替换颜色的调整方法<br>（5）掌握调整类面板工具的使用方法与技巧<br>（6）掌握滤镜菜单的使用方法<br>（7）熟记设计软件中常用快捷键 | 通过临摹商业海报作品掌握工具的使用方法 | 20 |

续上表

| 序号 | 学习任务 | 职业能力 | 知识、技能、态度要求 | 教学活动设计 | 学时 |
|---|---|---|---|---|---|
| 4 | CorelDRAW、Illustrator 包装设计 | 11-02-01～11-02-07、13-05-01、13-05-02、13-06-01～13-06-05、21-12-01 | （1）掌握各类图表工具的使用方法<br>（2）掌握对象管理器的相关设定和操作过程，包括创建、显示、编辑、打印图层和重排主页面和多页文档的创建以及管理对象、辅助线、网格等<br>（3）掌握各类格式导出图形、图片选项的设置方法<br>（4）掌握打印对话框中各个选项<br>（5）熟悉总体规划印刷品的结构框架。如页码规格的设定，内容章节的划分，图片表格的分配，装订方式及印刷后期的主要工艺等因素<br>（6）能够设计立体展示效果图<br>（7）熟记设计软件常用快捷键 | 通过临摹包装设计作品掌握工具的使用方法 | 24 |
| | 合　计 | | | | 72 |

注："职业能力"栏目填写的职业能力编码与附录"1. 美术设计与制作专业—广告设计与制作专业职业能力分析表"中的编码对应。

## 八、资源开发与利用

注重多媒体课件、教学视频等常用课程资源和现代化教学资源的开发和利用，这些资源有利于创设形象生动的工作情境，激发学生的学习兴趣，促进学生对知识的理解和掌握。同时，建议加强常用课程资源的开发，建立多媒体课程资源的数据库，努力实现跨学校多媒体资源共享，提高课程资源利用效率。

（一）教材编写与使用

建议由一线专业教师和行业专家依据本课程标准编写教材。基本要求有以下四个方面：

（1）结合广告设计专业的知识学习和岗位职业能力的培养，依据本课程标准编写教材。

（2）教材注重岗位职业能力培养，以项目驱动任务，根据学生的认知特点，通过案例分析、模拟训练等项目来编写教材。

（3）教材图文并茂，语言深入浅出。

（4）教材内容与时俱进，引用国内外最新的资源，案例典型，具有可操作性。

## （二）数字化资源开发与利用

（1）积极开发和利用网络课程资源，充分利用诸如电子书籍、电子期刊、数据库、数字图书馆、教育网站和电子论坛等网络信息资源，使教学从单一媒体向多种媒体转变，教学活动从信息的单向传递向双向交换转变，学生从单独学习向合作学习转变。同时应积极创造条件搭建远程教学平台，扩大课程资源的交互空间。

（2）产学合作开发实验实训课程资源，充分利用本行业典型的企业资源，加强产学合作，建立实习实训基地，实践工学交替，满足学生的实习实训需求，同时为学生提供就业机会。

## 九、教学建议

### （一）教学方法

以项目驱动任务，以实际任务为引领为主线展开教学活动过程。

（1）在教学过程中通过模拟案例分析、模拟训练等项目使学生掌握 CorelDRAW、Illustrator 等设计软件的使用方法与技巧。

（2）采用由浅入深、循序渐进的教学模式，让学生在完成项目制作的同时掌握相关的知识点，充分体现"做中学、学中做"的职业教学理念。

（3）应用多种教学方法，激发学生的学习兴趣，培养学生独立学习的能力。

### （二）教学条件

（1）提供多媒体课室，结合视频教学媒体授课。

（2）提供实训室。实训场地有教室和实训机房，主要设备包括：配备双核中央处理器、内存 2 G、硬盘 120 G 以上的电脑主机，17 英寸显示器，配置网络教学系统，安装有 Photoshop、Illustrator、CorelDRAW、Flash、Dreamweaver、PageMaker 等设计软件。

## 十、教学评价

注重过程考核，采用项目考核与综合考核相结合，项目考核在每个项目完成后进行，综合考核在整个课程结束后进行，主要让学生运用在各个项目中学会的技能进行综合项目的制作。（见表 2 - 10）

表 2 - 10　项目考核

| 项目 | 考核形式 | 考核要求 | 分值 |
| --- | --- | --- | --- |
| CorelDRAW、Illustrator 图形设计 | 作品 | 正确设置界面相关参数设置、保存文件，合理运用工具正确绘制图形，符合印刷输出要求 | 20 |

续上表

| 项目 | 考核形式 | 考核要求 | 分值 |
|---|---|---|---|
| CorelDRAW、Illustrator 版式设计 | 作品 | 合理运用工具编排图形、文本，设计特殊效果字体，作品符合印刷输出要求 | 20 |
| CorelDRAW、Illustrator 海报设计 | 作品 | 合理运用工具设计海报，做到画面协调，符合印刷输出要求 | 25 |
| CorelDRAW、Illustrator 包装设计 | 作品 | 合理运用工具设计包装，做到画面协调，符合印刷输出要求 | 25 |
| 出勤 | | — | 10 |
| 合　　计 | | | 100 |

（撰稿人：杨　庆）

# 中职学段：摄影基础课程标准

## 一、课程名称

摄影基础。

## 二、适用专业

本课程既适用于中高职衔接的中职美术设计与制作专业，也适用于中职广告设计专业。

## 三、课程性质

本课程是中职学段美术设计与制作专业的核心课程之一，与高职的商业摄影课程是对应衔接关系。摄影基础是一门技能性很强的课程，也是一门"教学做"一体化的综合技术专业课。通过本课程的学习和实践，使学生掌握适合中职学段的数码摄影与应用的有关基础知识；了解数码相机的工作原理、结构及其作用；能熟练操作一种数码单反相机；能熟练操作摄影室常见的灯光器材；了解一般商业摄影的工作流程，并能进行简单的商业拍摄。

## 四、课程设计

本课程主要培养学生掌握摄影的基本技能。

### （一）前后课程的关系

#### 1. 与前置课程的关系

本课程的前置课程是计算机辅助设计。该课程主要使学生掌握广告设计的常用设计软件 CorelDRAW、Illustrator 等设计软件的操作技巧，并运用在图形设计、插画、广告设计、包装设计等工作领域，能够使用 CorelDRAW、Illustrator 等设计软件进行专业相关的广告创作、版面编排和图形设计。

#### 2. 与后续课程的关系

本课程的后续课程是字体设计。通过学习字体设计使学生掌握字体设计的基本知识，包括中、外文字体的绘写方法及创意字体设计的基本规律，并通过课程项目的训练来培养学生字体设计的实际技能，能够根据文字内容及项目要求独立完成字体的创意设计与制作，为学生能更好地掌握后续的专业设计课程打下良好基础。

### （二）课程设计的思路

本课程以广告设计的岗位任务与职业能力分析为依据，从摄影岗位的工作过程与要求出发，整合学习内容，把学习任务项目化，突出基本能力点的训练；从中职学生的实际需求出发，创设真实情境，学生组成摄影小组（模拟摄影岗位设置），进行合作学习；通过项目引领任务，让学生在完成各个一体化项目的过程中，建构知识体系和工作经验，形成综合职业能力。

## 五、课程教学目标

本课程的教学目标是使学生掌握摄影的基本知识，了解照相机的结构及其作用，掌握摄影器材的使用能力，具有摄影的取景构图能力、布光能力、影像后期调整能力，培养学生的广告摄影造型的艺术修养和创作能力。

1. 知识目标

（1）了解摄影的起源和发展等基本知识。
（2）了解摄影的基本原理、术语和器材。
（3）掌握基本拍摄技术。
（4）掌握常用摄影构图法则。
（5）掌握专业闪光灯的基本操作及基本布光拍摄技巧。

2. 能力目标

（1）能够在自然光或便携闪光灯环境下，根据需要正确设置相机参数并进行素材搜集拍摄。
（2）能够在摄影棚内根据需要正确布置闪光灯并进行简单商业摄影拍摄。
（3）能够运用图像设计软件对照片进行影调调整、色调调整、格式转换、裁剪、清理小瑕疵等处理。
（4）能够在拍摄活动中，规范使用拍摄设备。
（5）能通过网络、书籍等方式对新知识、新技术、新标准进行有效的学习。

3. 素质目标

（1）具备自我学习的能力。
（2）具备良好的语言表达能力。
（3）具备沟通及协调的能力。
（4）培养责任心与职业道德素养。

## 六、参考学时与学分

参考学时：72 学时。
参考学分：4 学分。

## 七、课程结构（见表 2-11）

表 2-11 课程结构

| 序号 | 学习任务 | 职业能力 | 知识、技能、态度要求 | 教学活动设计 | 学时 |
|---|---|---|---|---|---|
| 1 | 认识摄影 | 03-02-01、13-03-01~13-03-03、21-11-05、21-11-06 | （1）了解摄影技术的形成、发展和作用<br>（2）了解商业广告摄影的定义和特点<br>（3）能够简述商业广告摄影的作用<br>（4）能用自己的语言赏析摄影作品<br>（5）认识摄影的基本原理和常见器材<br>（6）能简述数码单反相机的特点及主要部件<br>（7）了解摄影的术语和基本知识 | （1）认识摄影<br>（2）优秀摄影作品欣赏与评析<br>（3）优秀商业摄影作品欣赏与评析<br>（4）相机工作原理知识问答比赛 | 4 |
| 2 | 掌握基本拍摄技术 | 03-02-01、13-03-01~13-03-03、21-11-05、21-11-06 | （1）能阅读简易说明书，认识相机的基本结构和设置按键<br>（2）能通过阅读相机快速操作指南，掌握相机的基本操作<br>（3）能采用正确合理的姿势握持相机，能时刻注意持机时对相机的保护措施<br>（4）了解对焦模式，能正确使用手动、自动对焦模式，获得清晰的图像<br>（5）了解在自然光环境中拍摄的技巧，能使用反光板辅助拍摄；能正确设置曝光参数，获得合适的图像<br>（6）认识光圈的意义、作用及设置技巧<br>（7）了解景深的概念、认识快门速度的意义、作用、设置方法<br>（8）认识长时间曝光（B门）的意义、作用、使用方法 | （1）展示交流个人的第一张摄影代表作<br>（2）相机操作测评<br>（3）靓丽的人像——使用光圈优先模式为人物拍照<br>（4）摄影构图练习<br>（5）动感捕捉——使用快门优先模式拍摄体育运动中的人物<br>（6）微光绘画——长时间曝光模式的创意拍摄 | 16 |

续上表

| 序号 | 学习任务 | 职业能力 | 知识、技能、态度要求 | 教学活动设计 | 学时 |
|---|---|---|---|---|---|
| 3 | 认识影室设备 | 03-02-01、13-03-01~13-03-03、21-11-05、21-11-06 | （1）认识摄影棚及相关设备<br>（2）能熟练、安全地对三脚架、快门线、静物台、电动或便携式背景架、灯架、影室闪光灯、柔光箱等设备进行装卸、设置、使用及调整操作 | 影室设备操作训练与测评 | 4 |
| 4 | 简单商业静物布光拍摄 | 03-02-01、13-03-01~13-03-03、21-11-05、21-11-06 | （1）了解手动模式（M挡）的意义、作用及使用技巧<br>（2）掌握及使用色卡校准颜色的技巧<br>（3）能根据任务指引和灯光布置提示，正确布置、设置闪光灯，正确操作相机，获得曝光正确、对焦清晰、色调准确的商业静物照片<br>（4）能运用图像软件对照片进行影调调整、色调调整、格式转换、裁剪、清理小瑕疵等处理 | 简单静物拍摄项目，建议：<br>（1）服装平铺布光拍摄<br>（2）蛋糕、甜品布光拍摄<br>（3）矿泉水瓶布光拍摄 | 24 |
| 5 | 经典人像布光拍摄 | 03-02-01、13-03-01~13-03-03、21-11-05、21-11-06 | （1）了解商业广告摄影拍摄的一般流程<br>（2）能根据任务指引和灯光布置提示，正确布置、设置闪光灯，正确引导模特摆拍，规范操作相机，获得曝光正确、对焦清晰、色调准确的商业人像照片<br>（3）能运用图像设计软件对图像进行影调调整、色调调整、格式转换、裁剪、清理小瑕疵等处理 | 简单人像拍摄项目，建议：<br>（1）大平光人像拍摄<br>（2）蝴蝶光人像拍摄<br>（3）伦勃朗光人像拍摄<br>注：同学之间轮流做模特、摄影师及助手拍摄，自备服装，适当化妆 | 24 |
| 合　　计 | | | | | 72 |

注："职业能力"栏目填写的职业能力编码与附录"1. 美术设计与制作专业—广告设计与制作专业职业能力分析表"中的编码对应。

## 八、资源开发与利用

注重多媒体课件、教学视频等常用课程资源和现代化教学资源的开发和利用,这些资源有利于创设形象生动的工作情境,也是一体化教学方法的重要组成部分,能较好地激发学生的学习兴趣,促进学生对知识的理解和掌握。同时,建议加强常用课程资源的开发,建立多媒体课程资源的数据库,实现跨学校多媒体资源共享,提高课程资源利用效率。

### (一)教材编写与使用

建议由一线专业教师和行业专家依据本课程标准编写教材。基本要求有以下五个方面:
(1) 结合专业知识学习和岗位职业能力的培养,依据本课程标准编写教材。
(2) 教材应充分体现任务引领、实践导向的课程设计理念。
(3) 教材应根据中职学生的认知特点,通过案例分析、模拟训练等项目来编写教材。
(4) 教材应图文并茂,能启发学生思维,加深理解。内容组织要体现循序渐进原则,注意由浅入深、由易到难,对重点、难点、关键点要阐述透彻。
(5) 内容要与时俱进,引用国内外最新的资源,案例典型,具有可操作性。

### (二)数字化资源开发与利用

积极开发和利用网络课程资源,充分利用诸如电子书籍、电子期刊、视频、动画、数字图书馆、网络公开课教育网站和电子论坛等网络信息资源,使教学从单一媒体向多种媒体转变,教学活动从信息的单向传递向双向交换转变,学生单独学习向合作学习转变。同时应积极创造条件搭建远程教学平台,扩大课程资源的交互空间。

## 九、教学建议

### (一)教学方法

(1) 在教学过程中,要加强学生实际操作能力的培养,采用项目教学,以工作任务引领提高学生学习兴趣,激发成就动机。
(2) 教学过程要充分考虑中职学生的学习特点,宜采用由浅入深、循序渐进的教学模式,让学生在完成项目制作的同时掌握相关的知识与能力,充分体现"做中学、学中做"的职业教学理念。
(3) 本课程内容多、课时紧、实操性强,建立教学资源库,运用翻转课堂教学模式,加强学生自主学习的能力。
(4) 本课程实践性极强,建议给予学生自由借用的场室设备的时间。充分创造实践条件,校内活动的拍摄工作可让学生负责实施。
(5) 在条件允许的前提下应该将每个班级的人数控制在 30 人左右,超过 30 人的班可以分拆成两大组上课,一是方便教师更好地进行辅导;二是利于保障设备的规范使用。

## （二）教学条件

（1）提供摄影实训室。室内设备基本是可以移动的。

（2）提供实训室。面积 130~200 m²，层高大于 4 m，白色或灰色涂装，窗户及门口采用多层遮光布帘遮蔽。利用活动式多层遮光布帘，可灵活分隔成 1~6 个拍摄区，6 台空调对应 6 个拍摄区，6 个拍摄区分别有独立电源开关和照明开关。实训室内设有更衣室、化妆区、小型储物间和小型暗房（带水源），有条件的学校还可建一面无影墙，装有导轨悬挂灯架，配备移动交互式智能触控一体机，能结合视频教学媒体授课。

6 个拍摄区主要设备有：

①中端或以上数码单反相机 1 套（机身 1 台，大光圈定焦镜头或带微距定焦镜头一支，18~135 mm 或 28~70 mm 变焦镜头 1 支）。

②电脑 1 套（配备双核中央处理器、内存 4 G、硬盘 120 G 以上的电脑主机，20 英寸显示器，配置无线网络系统，安装有 Photoshop、Lightroom 等图形处理设计软件，移动式电脑台 1 张）。

③专业闪光灯 4 支（600 W，6 通道以上无线引闪器 4 个，另配标准罩、蜂巢罩、柔光箱、柔光伞若干）。

④灯架、地灯架、万向支架、大力夹若干，悬臂灯架或导轨悬挂灯架 1 套。

⑤三脚架 1 支、静物台 1 张、便携式背景架或电动灯架 1 套，不同色背景纸若干，标准黑白灰色卡 1 套。

⑥可选配 5 m 通用串行总线（USB）连接线 1 条，用于连接电脑、软件控制拍摄使用。

## 十、教学评价

课程考核采用形成性评价与终结性评价相结合的方式，既关注结果，又关注过程。其中形成性评价注重平时表现和实践能力的考核。主要根据学生完成每个学习情境的情况，结合平时表现进行综合评分。过程性评价占 70 分，终结性评价占 30 分。（见表 2-12）

表 2-12 项目考核

| 项目 | 考核形式 | 分值 |
| --- | --- | --- |
| 平时表现 | 考勤及平时完成老师布置的各项工作任务 | 10 |
| 实践操作 | 基础知识与各情景任务完成情况 | 40 |
| | 团队合作能力 | 10 |
| | 工作态度，学习态度 | 10 |
| 期末测评 | 期末考试，注重学生的能力测试 | 30 |
| 合计 | | 100 |

（撰稿人：陈在伟）

# 中职学段：字体设计课程标准

## 一、课程名称

字体设计。

## 二、适用专业

本课程既适用于中高职衔接的中职美术设计与制作专业，也适用于中职广告设计专业。

## 三、课程性质

本课程是中职学段美术设计与制作专业的核心课程之一。课程的主要任务是要对文字的形象进行符合设计对象特性要求的艺术处理，以增强文字的传播效果。因此，字体设计能力是广告设计师的岗位核心能力之一，通过学习本课程使学生了解并掌握字体设计的特性、规律和设计手段，具备现代商业设计处理文字的实际技能，使学生在设计调研、分析的基础上创新设计，并选择恰当的形式和技法进行相应的设计表现。字体设计是为标志设计、包装设计、VI设计、广告设计等课程提供字体设计能力支撑的课程。

## 四、课程设计

本课程主要培养学生的字体设计与制作能力。"字体设计""版式设计"与"图形创意"这三门课程构成了广告设计专业基础的"铁三角"课程体系，做到了"三位一体，互为关联"的系列基础课程。这种结构的构建不仅使字体设计这门课程在整个艺术专业课程中的地位更加突出，而且这一系列课程所构筑的强大设计基础课体系也为培养学生的全面艺术素质和强调工学结合的高职培养目标的实现提供了强有力的支撑。

### （一）前后课程的关系

**1. 与前置课程的关系**

本课程的前置课程是摄影基础。该课程教学目标是使学生掌握摄影的基本知识，了解照相机的结构及其作用，掌握摄影器材的使用方法，具备摄影的取景构图能力、布光能力、影像后期调整能力，培养学生的广告摄影造型的艺术修养和创作能力。

**2. 与后续课程的关系**

本课程的后续课程是图形设计。该课程教学目标是使学生掌握图形设计的基础知识及其创作方法，包括图形创意的各种思维方法和表现技巧、具备通过图形语言准确表达创意及信息的能力、培养正确的图形设计理念及设计方法。

## （二）课程设计的思路

本课程通过对本专业岗位需求分析，确定工作领域、工作任务和职业能力，并针对字体设计工作领域的设计实践工作任务和对应的职业能力，按照基于工作过程、任务引领知识的教学思路整合课程内容，设计学习项目，采用案例教学、项目导向、任务驱动等教学方法，通过项目教学使学生能够完成设计定位、创意设计、综合表现、绘写制作和应用的设计流程等工作任务，并提交合格的字体设计作品。整个课程教学设计由 7 个教学项目组成，采用由浅入深、循序渐进的教学模式，让学生在完成项目的同时掌握相关的知识点。

## 五、课程教学目标

本课程的教学目标是使学生掌握字体设计基本知识，包括中、外文基本字体的绘写方法及创意字体设计的基本规律，并通过课程项目的训练来培养学生字体设计的实际技能，能够根据文字内容及项目要求独立完成字体的创意设计与制作，为学生更好地掌握后续的专业设计课程打下良好基础。

1. **知识目标**
（1）了解文字的起源与发展和字体设计的概念与特征。
（2）掌握汉字、字母的基本结构及字体设计的表现技巧。
（3）掌握字体设计的基本原理、基本法则及字体创意设计的基本方法。
（4）掌握字体设计的形式美法则。

2. **能力目标**
（1）能正确解读项目资料、分析任务要求。
（2）能够运用头脑风暴法和手绘相结合的方式帮助构思、构图。
（3）能够根据文字内容和设计定位，运用不同的设计方法进行字体创意设计，并能够根据创意进行文字的制作。
（4）能熟练运用 Illustrator、CorelDRAW、Photoshop 等设计软件进行字体设计。
（5）能通过网络、书籍等方式对新知识、新技术、新标准进行有效的学习。
（6）能根据不同类型的设计项目中对字体应用的要求，运用形式美法则进行字体设计。

3. **素质目标**
（1）具备自我学习的能力。
（2）具备良好的语言表达能力。
（3）具备沟通及协调的能力。
（4）培养责任心与职业道德素养。

## 六、参考学时与学分

参考学时：72 学时。
参考学分：4 学分。

## 七、课程结构（见表 2-13）

表 2-13　课程结构

| 序号 | 学习任务 | 职业能力 | 知识、技能、态度要求 | 教学活动设计 | 学时 |
|---|---|---|---|---|---|
| 1 | 字体设计作品欣赏评析 | 11-01-01、<br>21-01-05、<br>21-11-02、<br>21-11-03、 | （1）能够运用字体设计基础知识以及形式美法则分析平面设计作品<br>（2）能描述字体设计的应用，明确字体设计学习的目的及重要性<br>（3）了解字体设计的原则、形式原理 | （1）教师通过作品展示讲解字体设计的基础知识以及形式美法则知识<br>（2）学生欣赏优秀作品<br>（3）学生对作品进行评析 | 4 |
| 2 | 印刷字库设计 | 11-01-02、<br>11-02-05、<br>13-07-01、<br>21-02-06 | （1）能够准确区分中、外文常用的印刷字体，并描述其特征<br>（2）能够独立绘写常用印刷字体<br>（3）了解印刷字体的形式美法则<br>（4）能用手绘的形式表现创意 | 黑体、宋体的再设计 | 12 |
| 3 | POP（point of purchase）手绘字体设计 | 08-03-03、<br>11-01-04、<br>11-02-05、<br>13-07-01、<br>21-11-04、 | （1）能够准确区分 POP 字体的分类、应用、书写特点与规范<br>（2）熟悉 POP 字体的基本设计规律和表现技巧<br>（3）能用图片、口述、手稿三者相结合的方式进行创意的呈现<br>（4）能用手绘的形式表现创意<br>（5）能根据项目要求进行 POP 字体的设计 | POP 广告设计及制作 | 16 |
| 4 | 创意字体设计 | 08-03-03、<br>11-02-05、<br>13-07-01、<br>21-11-02、<br>21-11-05、<br>21-11-07 | （1）掌握创意字体设计的特点；熟悉基本设计规律和表现技巧<br>（2）能选择恰当的创意设计手法完成创意方案<br>（3）掌握形式美法则<br>（4）能根据项目要求用 Photoshop、Illustrator、CorelDRAW 等设计软件进行创意字体的设计及制作 | （1）生肖字体的设计<br>（2）活动周年、体育赛事字体的设计 | 16 |

续上表

| 序号 | 学习任务 | 职业能力 | 知识、技能、态度要求 | 教学活动设计 | 学时 |
|---|---|---|---|---|---|
| 5 | 标志中的字体设计 | 08-03-03、11-02-05、13-04-02、13-04-05、13-07-01、21-11-02、21-11-05、21-11-07、21-11-18 | （1）掌握标志中字体设计的特点；熟悉基本字体设计规律和表现技巧<br>（2）能用图片、口述、手稿三者相结合的方式进行创意的呈现<br>（3）能根据主题进行标志字体设计<br>（4）掌握形式美法则<br>（5）能根据项目要求用Photoshop、Illustrator、CorelDRAW等设计软件进行标志字体的设计及制作 | 模拟设计公司项目（商业标志设计） | 8 |
| 6 | 广告中的字体设计 | 08-03-03、11-02-05、13-04-02、13-04-05、13-07-01、21-11-02、21-11-05、21-11-07、21-11-18 | （1）掌握广告中的字体设计的特点；熟悉基本设计规律和表现技巧<br>（2）能用图片、口述、手稿三者相结合的方式进行创意的呈现<br>（3）能根据主题进行广告字体设计<br>（4）掌握形式美法则<br>（5）能根据项目要求用Photoshop、Illustrator、CorelDRAW等设计软件进行广告字体的设计及制作 | 模拟设计公司项目（商业海报设计） | 8 |
| 7 | 包装中的字体设计 | 08-03-03、11-02-05、13-04-02、13-04-05、13-07-01、21-11-02、21-11-05、21-11-07、21-11-18 | （1）掌握包装中字体设计的特点；熟悉基本设计规律和表现技巧<br>（2）能用图片、口述、手稿三者相结合的方式进行创意的呈现<br>（3）能根据主题进行包装字体设计<br>（4）掌握形式美法则<br>（5）能根据项目要求用Photoshop、Illustrator、CorelDRAW等设计软件进行包装字体的设计及制作 | 模拟设计公司项目（商品包装设计） | 8 |
| 合　　计 | | | | | 72 |

注："职业能力"栏目填写的职业能力编码与附录"1. 美术设计与制作专业—广告设计与制作专业职业能力分析表"中的编码对应。

## 八、资源开发与利用

注重多媒体课件、教学视频等常用课程资源和现代化教学资源的开发和利用，这些资源有利于创设形象生动的工作情境，激发学生的学习兴趣，促进学生对知识的理解和掌握。同时，建议加强常用课程资源的开发，建立多媒体课程资源的数据库，实现跨学校多媒体资源共享，提高课程资源利用效率。

### （一）教材编写与使用

建议由一线专业教师和行业专家依据本课程标准编写教材，要充分体现项目课程设计思想，以项目为载体实施教学，项目选取要科学，可操作性强。基本要求有以下四个方面：

（1）结合专业知识学习和岗位职业能力的培养，依据本课程标准编写教材。

（2）教材注重岗位职业能力培养，以项目驱动任务，以实际任务为引领，以字体设计的创意设计、制作为主线，通过案例分析、模拟训练等项目来编写教材。

（3）教材内容需考虑中职学生的认知水平、兴趣爱好。学习项目或任务要由易到难，有简到繁，层层递进。

（4）教材内容与时俱进，引用国内外最新的资源，案例典型，具有可操作性。

### （二）数字化资源开发与利用

（1）积极开发和利用网络课程资源，充分利用诸如电子书籍、电子期刊、数据库、数字图书馆、教育网站和电子论坛等网络信息资源，使教学从单一媒体向多种媒体转变，教学活动从信息的单向传递向双向交换转变，学生从单独学习向合作学习转变。同时应积极创造条件搭建远程教学平台，扩大课程资源的交互空间。

（2）产学合作开发实验实训课程资源，充分利用本行业典型的企业资源，加强产学合作，建立实习实训基地，实践工学交替，满足学生的实习实训需求，同时为学生提供就业机会。

## 九、教学建议

### （一）教学方法

以项目驱动任务，以实际任务为引领为主线展开教学活动过程。

（1）在教学过程中结合项目的策划、创意设计、制作为主线，通过模拟案例分析、模拟训练等项目使学生掌握字体设计的方法与技巧。

（2）采用由浅入深、循序渐进的教学模式，让学生在完成项目制作的同时学会相关的知识点，充分体现"做中学、学中做"的职业教学理念。

（3）应用多种教学方法，激发学生的学习兴趣，培养学生独立学习的能力。

### （二）教学条件

（1）提供多媒体课室，结合视频教学媒体授课。

（2）提供实训室。实训场地有教室和实训机房，主要设备有：配备双核中央处理器、内存 2 G、硬盘 120 G 以上的电脑主机，17 英寸显示器，配置网络教学系统，安装有 Photoshop、Illustrator、CorelDRAW、Flash 等设计软件。

## 十、教学评价

注重过程考核，采用项目考核与综合考核相结合，项目考核在每个项目完成后进行，综合考核在整个课程结束后进行，主要让学生运用在各个项目中学会的技能进行综合项目的制作。（见表 2-14）

表 2-14　项目考核

| 项目 | 考核形式 | 考核要求 | 分值 |
| --- | --- | --- | --- |
| 字体设计作品欣赏评析 | PPT | 能用图片、口述、PPT 三者相结合的方式独立进行作品的收集和分析的呈现 | 10 |
| 印刷字库设计 | 作品 | 能够掌握中、外文基础字体的结构及特点，并能独立进行常用字体的绘写 | 10 |
| POP 手绘字体设计 | 作品 | 掌握 POP 广告字体设计的特点；熟悉基本设计方法和表现技巧；能根据项目要求进行 POP 广告字体的设计，设计作品具有商业表现力和艺术表现力 | 20 |
| 创意字体设计 | 作品 | 掌握汉字、外文和数字的创意字体设计的规律、表现方法、技巧；能根据项目要求用相关软件进行创意字体的设计，设计作品具有形式美法则和艺术表现力 | 20 |
| 标志中的字体设计 | 作品 | 掌握标志中的字体设计的特点；熟悉基本设计规律和表现技巧；能根据项目要求进行标志字体的设计，设计作品具有商业表现力和艺术表现力 | 10 |
| 广告中的字体设计 | 作品 | 掌握广告中的字体设计的特点；熟悉基本设计规律和表现技巧；能根据项目要求进行广告海报字体的设计，设计作品具有商业表现力和艺术表现力 | 10 |
| 包装中的字体设计 | 作品 | 掌握包装中的字体设计的特点；熟悉基本设计规律和表现技巧；能根据项目要求进行包装字体的设计，设计作品具有商业表现力和艺术表现力 | 10 |
| 出勤 | — | | 10 |
| 合　计 | | | 100 |

（撰稿人：林　鲲）

# 中职学段：图形设计课程标准

## 一、课程名称

图形设计。

## 二、适用专业

本课程既适用于中高职衔接的中职美术设计与制作专业，也适用于中职广告设计专业。

## 三、课程性质

本课程是中职学段美术设计与制作专业的核心课程之一，是前期基础课向后期专业课过渡、是专业能力转换和衔接的关键环节。本课程的任务是通过学习和实践，使学生了解图形设计的相关知识，熟练掌握图形创意的方法和技巧，具备把同一个想法或信息，通过不同的载体、不同的表现方法、不同的图形设计准确地传达的能力。激发学生图形设计创意思维能力，培养思维的跳跃感与严谨性，为后续的系列设计课程学习奠定良好的基础。

## 四、课程设计

图形设计的核心是创意思维，本课程主要通过系列项目实训培养学生的设计思维能力和想象力。

### （一）前后课程的关系

#### 1. 与前置课程的关系

本课程的前置课程是字体设计。该课程教学目标是使学生掌握字体设计的基本知识，包括中、外文基本字体的绘写方法及创意字体设计的基本规律，并通过课程项目的训练来培养学生字体设计的实际技能，能够根据文字内容及项目要求独立完成字体的创意设计与制作，为学生更好地掌握后续的专业设计课程打下良好基础。

#### 2. 与后续课程的关系

本课程的后续课程是标志设计。通过学习标志设计，使学生了解标志设计的相关知识，熟练掌握一般标志设计的创意规律和表现形式法则及常见标志设计的方法，并能够完成以标志为核心的视觉传达基本要素设计，按照中职教学的特点培养学生的动手能力，能够创意和制作出一般的标志，为广告公司、印刷与出版公司、企划设计部门的平面设计师、电脑绘图员、美术设计员、媒介助理等技术和服务岗位打下标志设计的基础。

## （二）课程设计的思路

本课程以广告设计的岗位任务与职业能力分析为依据，以培养图形设计的创意思维能力的训练为主要内容，结合中职学生的认知特点，通过项目任务引领整合课程内容，构建成一个以图形设计实践为主渠道，遵循从简到繁的能力结构训练系统。课程教学以学生为主体，让学生在"做中学、学中做"的职业教学理念下，成为学习的主导者，真正掌握图形设计的方法，具备良好的创意思维。

## 五、课程教学目标

本课程的教学目标是使学生掌握图形设计的基础知识及其创作方法，包括图形创意的各种思维方法和表现技巧，具备通过图形语言准确表达创意及信息的能力，树立正确的图形设计理念。

1. 知识目标

（1）了解图形设计的概念、起源和发展等基本知识。
（2）掌握图形设计创意的思维形式及方法。
（3）掌握常见图形识读的方法。
（4）熟悉图形设计的表现形式法则，掌握图形设计的表现技法。

2. 能力目标

（1）能够准确理解项目策略和信息内容要求，并通过图形设计语言快速、准确地传递信息。
（2）能够进行图形的造型设计。
（3）能够进行专题性图形的创意设计与制作。
（4）能够选择合适的表现技法和手段完成图形设计创意表现。
（5）能通过网络、书籍等方式对新知识、新技术、新标准进行有效的学习。

3. 素质目标

（1）具备自我学习的能力。
（2）具备良好的语言表达能力。
（3）具备沟通及协调的能力。
（4）培养责任心与职业道德素养。

## 六、参考学时与学分

参考学时：72 学时。
参考学分：4 学分。

## 七、课程结构（见表 2-15）

表 2-15　课程结构

| 序号 | 学习任务 | 职业能力 | 知识、技能、态度要求 | 教学活动设计 | 学时 |
|---|---|---|---|---|---|
| 1 | 图形设计欣赏评析 | 11-01-01、11-01-02、11-01-04、21-01-01、21-01-05、21-02-06、21-03-08、21-11-04 | （1）了解图形的概念及图形设计的应用范围<br>（2）能简述图形的发展过程<br>（3）了解图形的视觉传达优势和特点<br>（4）能够准确识别图形设计传达的信息<br>（5）能用手绘的形式传达信息 | （1）认识图形设计<br>（2）图形设计作品欣赏与评析<br>（3）用画图代替语言文字向同学传达信息<br>（4）搜集有趣的图形设计图片，并与同学分享 | 6 |
| 2 | 简单图形的创意设计（图形创意思维） | 08-03-03、11-01-03、11-01-04、13-02-02、13-03-01、13-03-02、13-04-03、13-04-04、13-04-05、13-07-01、13-07-06、21-01-04、21-02-02 | （1）了解图形创意思维的概念与构成<br>（2）了解图形创意思维的形式；能简述发散思维、聚合思维、逆向思维的特点，学会运用发散思维进行发散思维图形设计表达<br>（3）了解图形创意思维过程<br>（4）了解联想的定义与分类，学会运用联想进行图形设计<br>（5）了解想象的定义、分类及过程，学会运用想象进行图形设计<br>（6）能为每个图形设计项目勾画不少于 20 个方案草图 | （1）认识创意思维<br>（2）绘制思维导图<br>（3）绘制发散性思维训练图<br>（4）几何形联想图形设计<br>（5）几何形循环联想图形设计<br>（6）常见图形的想象及图形设计 | 20 |

续上表

| 序号 | 学习任务 | 职业能力 | 知识、技能、态度要求 | 教学活动设计 | 学时 |
|---|---|---|---|---|---|
| 3 | 复合图形的创意设计（图形创意的表现技法与创作技巧） | 08-03-05、10-02-01、11-01-04、13-02-01、13-02-02、13-03-02、13-04-02～13-04-04、13-06-02、13-07-01、21-01-04、21-02-06、21-11-01、21-11-04 | （1）了解图形创意的表现技法（包括绘画化表现、拼贴剪切表现、摄影数字化技术运用表现等）<br>（2）了解图形创意的表现手法（包括象征、夸张、比喻、幽默、拟人等）<br>（3）知道单一形态的想象创作技巧，学会运用打散重构、材质异化、分割裂变、尺度夸张等方法进行图形设计<br>（4）知道多形态创新组合的技巧，能灵活选择各类同构图形、异变图形、隐歧图形进行图形设计<br>（5）知道图形中的空间转换创作技巧，能运用混维图形、矛盾空间、虚画图形进行图形设计<br>（6）能够搜集、整理并运用中国传统图形进行设计再创作<br>（7）能为每个图形设计项目勾画不少于20个方案草图 | （1）单一元素的联想与想象图形设计<br>（2）双形同构图形设计<br>（3）虚画图形设计<br>（4）传统图形元素的再创造 | 24 |
| 4 | 图形应用设计 | 08-03-03、11-01-01、11-01-02、11-01-04、13-01-02、13-03-02、13-04-02、13-04-03、13-06-01、13-06-02、13-07-04、21-07-09、21-11-02、21-11-04、21-11-05、21-11-07 | （1）了解图形设计在广告设计中的应用<br>（2）了解图形设计在包装设计中的应用<br>（3）了解图形设计在标志设计中的应用<br>（4）了解图形设计在书籍设计中的应用<br>（5）了解图形设计在新媒体创意设计中的应用<br>（6）能搜集、整理、分析、分享图形设计作品<br>（7）能根据项目要求，进行以图形设计为主导的应用主题设计，并完成制作<br>（8）能为每个图形设计应用项目勾画不少于20个方案草图 | （1）应用主题设计<br>（2）应用主题设计的主题可由教师根据校企合作情况，近期社会热点等进行设置，如公益主题系列海报设计、创意纸盒系列包装设计等 | 22 |
| | | | 合　　计 | | 72 |

注："职业能力"栏目填写的职业能力编码与附录"1. 美术设计与制作专业—广告设计与制作专业职业能力分析表"中的编码对应。

## 八、资源开发与利用

注重多媒体课件、教学视频等常用课程资源和现代化教学资源的开发和利用,这些资源有利于创设形象生动的工作情境,激发学生的学习兴趣,促进学生对知识的理解和掌握。同时,建议加强常用课程资源的开发,建立多媒体课程资源的数据库,实现跨学校多媒体资源共享,提高课程资源利用效率。

### (一) 教材编写与使用

建议由一线专业教师和行业专家依据本课程标准编写教材。基本要求有以下五个方面:

(1) 结合广告设计专业知识学习和岗位职业能力的培养,依据本课程标准编写教材。
(2) 教材应充分体现任务引领、实践导向的课程设计思想。
(3) 教材应根据中职学生的认知特点,通过案例分析、模拟训练等项目来编写教材。
(4) 教材应图文并茂,能启发思维,加深理解。内容组织要体现循序渐进原则,注意由浅入深、由简到繁,对重点、难点、关键点要阐述透彻。
(5) 内容要与时俱进,注意引用国内外最新的资源,案例典型,具有可操作性。

### (二) 数字化资源开发与利用

积极开发和利用网络课程资源,充分利用诸如电子书籍、电子期刊、视频、动画、数字图书馆、网络公开课教育网站和电子论坛等网络信息资源,使教学从单一媒体向多种媒体转变,教学活动从信息的单向传递向双向交换转变,学生从单独学习向合作学习转变。同时应积极创造条件搭建远程教学平台,扩大课程资源的交互空间。

## 九、教学建议

### (一) 教学方法

(1) 在教学过程中,要加强学生实际操作能力的培养,采用项目教学,以工作任务引领提高学生学习兴趣,激发成就动机。
(2) 教学过程要充分考虑中职学生的学习特点,宜采用由浅入深、循序渐进的教学模式,让学生在完成项目制作的同时掌握相关的知识与能力,充分体现"做中学、学中做"的职业教学理念。
(3) 要加大实践实操的容量,注意引导、启发学生的创意。课程中前期,学生的作品以手绘表现为主;课程后期,有条件的学校学生作品可以电脑制作,打印呈现为主。
(4) 应灵活运用多种教学模式、教学方法,如翻转课堂教学模式、案例教学法、项目驱动教学法等,充分激发学生的学习兴趣,培养学生独立学习的能力。

## （二）教学条件

（1）提供多媒体课室，结合视频教学媒体授课。

（2）提供实训室。实训场地有教室和实训机房，主要设备有：配置双核中央处理器、内存 4 G、硬盘 120 G 以上的电脑主机，17 英寸显示器，配置网络教学系统，电脑安装有 Photoshop、Illustrator、CorelDRAW、Flash、Dreamweaver、PageMaker 等设计软件。

## 十、教学评价

课程考核由过程性评价与作品成果评价两部分组成：过程性评价占 60 分，作品成果评价占 40 分。过程性评价主要包括技能实操、课堂表现、职业素养、记录考勤等方面，作品成果评测主要包括设计作品及制作情况。（见表 2-16）

表 2-16 项目考核

| 项目 | 考核形式 | 考核要求 | 分值 |
| --- | --- | --- | --- |
| 平时表现 | — | 考勤，平时完成老师布置的各项工作任务 | 10 |
| 实践操作 | — | 基础知识与各情景任务完成情况 | 40 |
|  | — | 团队合作能力 | 10 |
|  | — | 工作态度，学习态度 | 10 |
| 期末测评 | 作品 | 期末考试，注重学生的能力测试 | 30 |
| 合　计 |  |  | 100 |

（撰稿人：陈在伟）

# 中职学段：标志设计课程标准

## 一、课程名称

标志设计。

## 二、适用专业

本课程既适用于中高职衔接的中职美术设计与制作专业，也适用于中职广告设计专业。

## 三、课程性质

本课程是中职学段美术设计与制作专业的核心课程之一。课程的任务是使学生了解标志设计的相关理论知识和标志设计的设计流程，理解一般标志设计的创意规律和表现形式法则，培养学生成为专业的平面设计人才，能设计不同类型的标志，掌握从事平面设计职业岗位实际工作的专业技术和职业能力，为后续的系列广告设计课程学习奠定良好的基础。

## 四、课程设计

本课程主要培养学生的标志设计与制作能力。

### （一）前后课程的关系

#### 1. 与前置课程的关系

本课程的前置课程是图形设计。该课程主要培养学生的图形设计专业理论及方法，学生能对市场进行分析认识和对现代广告进行策划及执行，具备一定广告文案写作能力，为学习本课程的设计理论到创意执行奠定了基础。通过学习本课程，使学生了解图形语言在现代设计中的运用及其重要性，熟悉图形设计的基本理论并能熟练掌握图形设计的各种表现手法，从而进行艺术的创作，提高学生的思维创造力与造型表达能力，为学习标志设计理论到标志设计表现奠定了基础。

#### 2. 与后续课程的关系

本课程的后续课程是版式设计。该课程的教学目标是使学生掌握版式设计的基础知识，包括版式设计的原则、版面的样式、版面的构成、文字编排处理、图片处理等。让学生熟练运用软件把版面设计的基础知识应用到卡片、单张、折页、书籍、网页排版等平面设计中，同时提高学生的审美能力及艺术欣赏与表现意识。

## （二）课程设计的思路

本课程以平面设计的岗位工作任务流程为主线，通过真实案例的分析和讲解，以模拟项目来组织教学，引导学生在项目活动中学会设计与制作各类标志，掌握一般标志设计的创意、表现、说明及识别能力。整个课程教学设计由 5 个项目组成，采用由浅入深、循序渐进的教学模式，让学生在完成项目的同时掌握相关的知识点。

## 五、课程教学目标

本课程的教学目标是使学生了解标志设计的相关知识，熟练掌握一般标志设计的创意规律和表现形式法则及常见标志设计的方法。并能够完成以标志为核心的视觉传达基本要素设计，按照中职教学的特点培养学生的动手能力，能够设计和制作一般的标志。为广告公司、印刷与出版公司、企划设计部门的平面设计师、电脑绘图员、美术设计员、媒介助理等技术和服务岗位奠定设计的基础。

1. 知识目标

（1）熟悉标志设计的基础知识。
（2）熟悉标志设计的创意规律和表现形式法则。
（3）掌握常见标志设计的方法。
（4）掌握标志设计的文案说明编写的方法。

2. 能力目标

（1）能熟悉标志设计工作流程。
（2）能根据项目要求选择恰当的表现手法设计完成标志草图设计。
（3）能根据草图方案制作正式标志，并能编写标志设计的文案说明。
（4）能运用 Photoshop、CorelDRAW 等设计软件进行标志设计。
（5）能通过网络、书籍等方式对新知识、新技术、新标准进行有效的学习。

3. 素质目标

（1）具备自我学习的能力。
（2）具备良好的语言表达能力。
（3）具备沟通及协调的能力。
（4）培养责任心与职业道德素养。

## 六、参考学时与学分

参考学时：72 学时。
参考学分：4 学分。

## 七、课程结构（见表2-17）

表2-17 课程结构

| 序号 | 学习任务 | 职业能力 | 知识、技能、态度要求 | 教学活动设计 | 学时 |
|---|---|---|---|---|---|
| 1 | 商标设计 | 02-04-02、<br>07-01-02、<br>07-01-04 | （1）掌握商标的概念、特点和类型<br>（2）了解标志的起源与发展概况 | 教师讲解<br>学生讨论 | 14 |
| | | 08-03-01、<br>08-03-05 | （1）掌握标志设计的基本原则<br>（2）了解标志的设计形式<br>（3）了解标志的设计技法<br>（4）了解标志的表现技巧 | 教师讲解<br>学生讨论 | |
| | | 09-03-02 | 能使用具象表现形式设计1个商标 | 真实案例教学 | |
| 2 | 企业标志设计 | 10-01-01、<br>10-02-02～<br>10-02-04 | 了解标志的设计程序 | 真实案例教学 | 18 |
| | | 09-03-03、<br>09-03-06、<br>11-01-01、<br>11-02-05 | （1）能熟练运用反复、对比等设计手法各设计1个企业标志<br>（2）能熟练运用卡通化、几何化等表现技巧各设计1个企业标志<br>（3）能运用抽象表现形式设计企业标志 | | |
| 3 | 会徽设计 | 11-01-01、<br>11-01-02、<br>11-02-05 | （1）能熟练运用渐变、突破、变异等设计手法各设计1个会徽<br>（2）能熟练运用构成化、手绘化等表现技巧各设计1个会徽<br>（3）能运用文字表现形式设计会徽 | 真实案例教学 | 12 |
| 4 | 行业标志设计 | 13-02-01、<br>13-02-02 | （1）能熟练运用对称、均衡、反衬等设计手法各设计1个企业标志<br>（2）能熟练运用立体化、装饰化等表现技巧各设计1个企业标志<br>（3）能运用文字与图形结合的表现形式设计行业标志 | 真实案例教学 | 12 |

续上表

| 序号 | 学习任务 | 职业能力 | 知识、技能、态度要求 | 教学活动设计 | 学时 |
|---|---|---|---|---|---|
| 5 | 网站标志设计 | 13-07-07 | （1）能熟练运用重叠、幻视、装饰等设计手法各设计1个网站标志<br>（2）能熟练运用动感化表现技巧设计1个网站标志<br>（3）能综合运用标志的各种表现形式设计网站标志 | 真实案例教学 | 16 |
| 合　　计 | | | | | 72 |

注："职业能力"栏目填写的职业能力编码与附录"1. 美术设计与制作专业—广告设计与制作专业职业能力分析表"中的编码对应。

## 八、资源开发与利用

注重多媒体课件、教学视频等常用课程资源和现代化教学资源的开发和利用，这些资源有利于创设形象生动的工作情境，激发学生的学习兴趣，促进学生对知识的理解和掌握。同时，建议加强常用课程资源的开发，建立多媒体课程资源的数据库，努力实现跨学校多媒体资源共享，提高课程资源利用效率。

### （一）教材编写与使用

建议由一线专业教师和行业专家依据本课程标准编写教材。基本要求有以下四个方面：

（1）结合广告专业的知识学习和岗位职业能力的培养，依据本课程标准编写教材。

（2）教材注重岗位职业能力培养，以项目驱动任务，以实际任务为引领，结合标志的征集方案以标志设计制作为主线，根据中职学生的认知特点，通过案例分析、模拟训练等项目来编写教材。

（3）教材图文并茂，语言深入浅出。

（4）教材内容与时俱进，引用国内外最新的资源，案例典型，具有可操作性。

### （二）数字化资源开发与利用

（1）积极开发和利用网络课程资源，充分利用诸如电子书籍、电子期刊、数据库、数字图书馆、教育网站和电子论坛等网络信息资源，使教学从单一媒体向多种媒体转变，教学活动从信息的单向传递向双向交换转变，学生从单独学习向合作学习转变。同时应积极创造条件搭建远程教学平台，扩大课程资源的交互空间。

（2）产学合作开发实验实训课程资源，充分利用本行业典型的企业资源，加强产学合作，建立实习实训基地，实践工学交替，满足学生的实习实训需求，同时为学生提供就业机会。

## 九、教学建议

### （一）教学方法

以项目驱动任务，以实际任务为主线展开教学活动。

（1）在教学过程中结合项目的策划方案以平面广告作品的创作及制作为主线，通过模拟案例分析、模拟训练等项目使学生掌握广告设计的方法与技巧。

（2）采用由浅入深、循序渐进的教学模式，让学生在完成项目制作的同时掌握相关的知识点，充分体现"做中学、学中做"的职业教学理念。

（3）应用多种教学方法，激发学生的学习兴趣，培养学生独立学习的能力。

### （二）教学条件

（1）提供多媒体课室，结合视频教学媒体授课。

（2）提供实训室。实训场地有教室和实训机房，主要设备包括：配备双核中央处理器、内存2G、硬盘120G以上的电脑主机，17英寸显示器，配置网络教学系统，电脑安装有Photoshop、Illustrator、CorelDRAW等设计软件。

## 十、教学评价

注重过程考核，采用项目考核与综合考核相结合，项目考核在每个项目完成后进行，综合考核在整个课程结束后进行，主要让学生运用在各个项目中学会的技能进行综合项目的制作。（见表2-18）

表2-18 项目考核

| 项目 | 考核形式 | 考核要求 | 分值 |
| --- | --- | --- | --- |
| 商标设计 | 作品 | 能用作品、图片、口述相结合的方式进行创意的呈现 | 15 |
| 企业标志设计 | 作品 | 能按标志征集方案的要求设计2~3款企业标志 | 15 |
| 会徽设计 | 作品 | 能按标志征集方案的要求设计2~3款会徽 | 20 |
| 行业标志设计 | 作品 | 能按标志征集方案的要求设计2~3款行业标志，并完成标志的设计说明 | 20 |
| 网站标志设计 | 作品 | 能按标志征集方案的要求设计2~3款网站标志，并完成标志的设计说明 | 20 |
| 出勤 | | — | 10 |
| 合计 | | | 100 |

（撰稿人：李天飞）

# 中职学段：版式设计课程标准

## 一、课程名称

版式设计。

## 二、适用专业

本课程既适用于中高职衔接的美术设计与制作专业，也适用于中职广告设计专业。

## 三、课程性质

本课程是中职学段美术设计与制作专业的核心课程之一，通过学习本课程使学生掌握版式设计的基本知识与创作技巧，培养学生对版式设计原理的认识以及调动各类视觉元素在平面上进行形式的组合排列，形成简明易读、主次分明、概念清晰的平面作品，使学生具备现代商业设计中处理版式设计的实际能力，从而为从事广告设计打下良好的基础。

## 四、课程设计

本课程主要培养学生的版面设计与制作能力。

### （一）前后课程的关系

#### 1. 与前置课程的关系

本课程的前置课程是标志设计。该课程教学目标是使学生了解标志设计的相关知识，熟练掌握一般标志设计的创意规律和表现形式法则及常见标志设计的方法，并能完成以标志为核心的视觉传达基本要素设计，按照中职教学的特点培养学生的动手能力，能够创意和制作一般的标志。为广告公司、印刷与出版公司、企划设计部门的平面设计师、电脑绘图员、美术设计员、媒介助理等技术和服务岗位奠定设计的基础。

#### 2. 与后续课程的关系

本课程的后续课程是广告制作。该课程教学目标是使学生理解平面广告设计的基础知识，理解平面广告作品设计与制作的方法，使学生能够结合其他课程以及在生活中所获得的知识，运用平面设计软件完成广告作品的设计与制作；培养学生正确的设计理念及广告制作方法，提高学生对广告作品的鉴赏能力以及创造能力，在引导学生制作平面广告作品的同时促进学生设计个性的发展，使学生能对完成真实的广告设计任务的各个环节的关键能力有一个系统的认识。

## （二）课程设计的思路

本课程根据中职学生的认知特点，把名片设计、单张设计、折页设计、内页设计、网页设计等内容跟版式设计进行整合，注重版式设计的美感学习与训练，在此基础上渗透版式设计的基本概念和创意理念。整个课程教学设计由 7 个教学项目组成，采用由浅入深、循序渐进的教学模式，让学生在完成项目的同时掌握相关的知识点。

## 五、课程教学目标

本课程的教学目标是使学生掌握版式设计的基础知识，包括版式设计的原则、版面的样式、版面的构成、文字编排处理及图片处理等。让学生熟练运用设计软件把版面设计的基础知识应用到卡片、单张、折页、书籍、网页排版等平面设计中，同时提高学生的审美能力及艺术欣赏与表现意识。

1. 知识目标

（1）了解版式设计的原则。
（2）掌握版式设计的构成原理。
（3）掌握版式设计中文字的处理方法。
（4）掌握版式设计中图片的处理方法。
（4）了解基本印刷知识。

2. 能力目标

（1）能分析平面设计中版式的特点。
（2）能正确选择文字样式、处理正文与版心的关系
（3）能根据任务内容运用恰当的图像处理方法，正确处理图片与文字的关系。
（4）能熟练运用 Illustrator、Photoshop 等设计软件进行版式设计。
（5）能根据项目要求运用形式美法则进行卡片、单张、折页、书籍、广告、包装、商业立体卡的仿做或设计。

3. 情感目标

（1）具备自我学习的能力。
（2）具备良好的语言表达能力。
（3）具备沟通及协调的能力。
（4）责任心与职业道德素养。

## 六、参考学时与学分

参考学时：72 学时。
参考学分：4 学分。

## 七、课程结构(见表2-19)

表2-19 课程结构

| 序号 | 学习任务 | 职业能力 | 知识、技能、态度要求 | 教学活动设计 | 学时 |
|---|---|---|---|---|---|
| 1 | 版式设计作品欣赏评析 | 11-01-01、21-11-02、21-11-03 | (1)能够运用版式构成知识以形式美法则分析平面设计作品<br>(2)能描述版式设计的应用,明确版面设计学习的目的及重要性<br>(3)了解版式设计的原则、形式原理 | (1)教师通过图片展示讲解形式美法则知识<br>(2)学生欣赏图片<br>(3)学生进行图片评析 | 4 |
| 2 | 名片设计与制作 | 11-02-05、21-11-02、21-11-07、21-11-20 | (1)能根据主题进行名片设计<br>(2)能根据主题处理文字信息<br>(3)能正确运用合适的字体进行编排<br>(4)能规范使用汉字与字母等字体 | (1)师生协作进行名片赏析,分析名片设计中文字的信息处理等要点<br>(2)学生进行名片设计<br>(3)师生共同评价 | 4 |
| 3 | 宣传单张仿做或设计 | 11-01-01、11-02-05、14-01-04、21-11-02、21-11-07、21-11-18、21-11-20 | (1)能正确处理词、句、段落的层次编排<br>(2)能运用字体设计的方法对标题文字进行处理<br>(3)理解版式设计中网格的概念 | (1)课前让学生搜集优秀宣传单张案例<br>(2)课堂进行单张的版式特点分析<br>(3)学生进行宣传单张临摹或仿做<br>(4)学生作品展示与点评<br>(5)师生共同总结出设计宣传单张的要点及注意事项 | 8 |
| 4 | 封面仿做或设计 | 11-02-05、14-01-04、21-11-02、21-11-07、21-11-18、21-11-20 | (1)理解图像与主题的关联性<br>(2)图像的类别与主次关系<br>(3)图像的切割方式与含义联系<br>(4)能运用多种方法进行图像处理<br>(5)了解版式设计中色彩的处理方法 | (1)教师进行封面设计案例分析<br>(2)学生进行娱乐杂志的封面临摹或仿做<br>(3)学生进行工具书的封面临摹或仿做<br>(4)学生作品展示与评价<br>(5)师生共同归纳、总结封面设计的方法、注意事项等要点 | 8 |

续上表

| 序号 | 学习任务 | 职业能力 | 知识、技能、态度要求 | 教学活动设计 | 学时 |
|---|---|---|---|---|---|
| 5 | 杂志内页排版仿做或设计 | 11-02-05、13-07-02、13-07-03～13-07-05、21-11-02、21-11-07、21-11-18、21-11-20 | （1）能正确处理版式上的虚实空间（2）能处理版式上的主次关系（3）能进行多图组合排版（4）能进行印前自检，包括尺寸、版面元素位置、图像分辨率、文字内容、色彩 | （1）师生通过优秀案例的赏析，分析出内页排版的方法（2）学生独立完成一本杂志的内页排版（3）学生作品展示，教师对存在问题进行分析（4）学生修改作品（5）师生共同归纳及小结 | 16 |
| 6 | 宣传折页仿做或设计 | 11-01-01、11-02-05、14-02-01、21-11-02、21-11-07、21-11-18、21-11-20 | （1）了解折页的商业应用价值（2）能列举不同的纸张的折叠样式与方法（3）能根据项目要求，设计个性化宣传折页，并制作出效果图（4）折页设计的注意事项 | （1）学生搜集优秀的折页设计进行赏析（2）教师启发和引导学生在折页结构上进行变化（3）学生根据折页结构进行对折页、多折页、个性化折页的临摹、仿做或设计（4）学生作品展示分享与点评 | 16 |
| 7 | 网站主页仿做或设计 | 11-01-01、11-02-05、21-11-02、21-11-07、21-11-18 | （1）能举例说明多种网页的版式风格（2）能说出网页的结构（3）能根据主题要求设计网站的主页 | （1）教师通过案例分析说明网页的结构、网页的版式风格特点（2）学生进行网站首页的仿做或设计（3）学生作品展示分享与点评 | 16 |
| | | | 合　计 | | 72 |

注："职业能力"栏目填写的职业能力编码与附录"1. 美术设计与制作专业—广告设计与制作专业职业能力分析表"中的编码对应。

## 八、资源开发与利用

注重多媒体课件、教学视频等常用课程资源和现代化教学资源的开发和利用，这些资源有利于创设形象生动的工作情境，激发学生的学习兴趣，促进学生对知识的理解和掌握。同时，建议加强常用课程资源的开发，建立多媒体课程资源的数据库，实现跨学校多媒体资源共享，提高课程资源利用效率。

### （一）教材编写与使用

必须依据本课程标准选用或编写教材。要充分体现项目课程设计思想，以项目为载体实施教学，项目选取要科学，可操作性强。基本要求有以下四个方面：

（1）依据本课程标准选用或编写教材，将知识学习与能力培养紧密结合。

（2）教材体现项目课程设计思想，以项目驱动任务，以实际任务为引领，有效促成学习过程与工作过程的一体化转换。

（3）教材内容需考虑中职学生的认知水平、兴趣爱好。学习项目或任务要由易到难，由简单到复杂，层层递进。

（4）教材图文并茂，内容与时俱进，引用国内外最新的资源，案例典型，具有可操作性。

### （二）数字化资源开发与利用

（1）积极开发和利用网络课程资源，充分利用诸如电子书籍、电子期刊、数据库、数字图书馆、教育网站和电子论坛等网络信息资源，使教学从单一媒体向多种媒体转变，教学活动从信息的单向传递向双向交换转变，学生从单独学习向合作学习转变。同时应积极创造条件搭建远程教学平台，扩大课程资源的交互空间。

（2）产学合作开发实验实训课程资源，充分利用本行业典型的企业资源，加强产学合作，建立实习实训基地，实践工学交替，满足学生的实习实训需求，同时为学生提供就业机会。

## 九、教学建议

### （一）教学方法

以项目驱动任务，以实际任务为主线展开教学活动。

（1）可采用翻转课堂的教学模式，教师明晰项目要求后，学生课前在家尝试设计，教师课外提供视频、案例等资料做指导，而课堂则变成了师生之间、生生之间互动的场所，课后师生共同评价，通过问题引领的方法指导学生深入分析问题，集中解决在设计中出现的问题。学生在课堂上进行作品修改、完善，从而达到更好的教学效果。

（2）分层教学，对于基础较薄弱的学生可以采用临摹或仿做的方式进行学习，对于基础较好的学生采用引导、启发创意，鼓励学生进行多种排版方式的尝试。

（3）采用由浅入深、循序渐进的教学模式，让学生在完成项目制作的同时掌握相关的知识点，充分体现"做中学、学中做"的职业教学理念。

（4）应用多种教学方法，激发学生的学习兴趣，培养学生独立学习的能力。

## (二）教学条件

（1）提供多媒体课室，结合视频教学媒体授课。

（2）提供实训室。实训场地有教室和实训机房，主要设备包括：配备双核中央处理器、内存 2 G、硬盘 120 G 以上的电脑主机，17 英寸显示器，配置网络教学系统，安装有 Photoshop、Illustrator、CorelDRAW、InDesign 等设计软件。

## 十、教学评价

注重过程考核，采用项目考核与综合考核相结合，项目考核在每个项目完成后进行，综合考核是每个项目考核分值相加，综合考勤情况所得。（见表 2-20）

表 2-20　项目考核

| 项目 | 考核形式 | 考核要求 | 分值 |
| --- | --- | --- | --- |
| 版式设计作品欣赏评析 | PPT | 能用图片、口述、文字相结合方式进行版式构成 | 10 |
| 名片设计与制作 | 作品 | 能根据项目要求进行名片仿做或设计 | 10 |
| 宣传单张仿做或设计 | 作品 | 能根据项目要求进行宣传单张的仿做或设计，作品具有设计美感 | 10 |
| 封面仿做或设计 | 作品 | 能根据项目要求进行封面的仿做或设计。作品表现主题突出，具有商业表现力和艺术表现力 | 10 |
| 杂志内页排版仿做或设计 | 作品 | 能按照项目要求进行杂志内页的仿做或设计，符合印刷工艺的输出要求 | 20 |
| 宣传折页仿做或设计 | 作品 | 能根据项目要求进行对折页、个性化折页的仿做或设计，作品具有商业表现力和艺术表现力 | 20 |
| 网站主页仿做或设计 | 作品 | 能根据项目要求进行网站主页的仿做或设计，作品主题突出，具有商业表现力和艺术表现力 | 10 |
| 出勤 | — | | 10 |
| 合　计 | | | 100 |

（撰稿人：卢迅凡）

# 中职学段：广告制作课程标准

## 一、课程名称

广告制作。

## 二、适用专业

本课程既适用于中高职衔接的中职美术设计与制作专业，也适用于中职广告设计专业。

## 三、课程性质

本课程是中职学段美术设计与制作专业的核心课程之一。课程的任务是使学生了解广告设计与制作的基础知识，以及广告设计的岗位工作流程，理解广告设计与制作的基本方法，能运用广告行业中常用的设计软件设计平面广告作品，培养学生的审美能力和广告作品的鉴赏能力以及创造能力，掌握从事广告设计岗位基础工作的技术和职业能力，为后续的系列广告设计课程学习奠定良好的基础。

## 四、课程设计

本课程主要培养学生设计与制作平面广告作品的能力。

### （一）前后课程的关系

#### 1. 与前置课程的关系

本课程的前置课程是版式设计。通过学习版式设计，培养学生版面的排版技巧和方法，使学生能调动各类视觉元素在平面上进行形式的组合和排列，形成简明易读、主次分明、概念清晰的平面作品，为本课程由设计理论到创意执行奠定了基础。

#### 2. 与后续课程的关系

本课程的后续课程是插画。通过学习插画使学生掌握一般广告插画设计的创意方法及表现技法，并能够运用电脑设计软件完成作品。本课程是一门实践性和实用性较强的课程，既能训练学生操作设计软件的基本技能，又能培养学生分析解决实际设计任务的综合能力。

### （二）课程设计的思路

本课程以实际任务为引领，以平面广告设计制作为主线，以广告设计专业方向的岗位职业能力为依据，根据学生的认知特点，采用递进与并列相结合的方式来展现教学内容、通过案例分析讲解、模拟训练等活动项目来组织教学，使学生在项目活动中学会设计与制作各类商业广告，培养学生独立设计与制作商业广告的能力。整个课程教学设计由3个项目组成，项目之间的设计采用由浅入深、循序渐进的教学模式，让学生在完成项目的同时掌握相关的知识点。

## 五、课程教学目标

本课程的教学目标是使学生理解平面广告设计的基础知识，理解平面广告作品设计及制作的方法，使学生能够结合其他课程以及在生活中所获得的知识，运用平面设计软件完成广告作品的设计与制作；培养学生正确的设计理念及广告制作方法，提高学生对广告作品的鉴赏能力以及创造能力，在引导学生制作平面广告作品的同时促进学生设计个性的发展，使学生能对完成真实的广告设计任务的各个环节的关键能力有一个系统的认识。

1. 知识目标

（1）熟悉平面广告设计的基础知识。
（2）掌握平面广告作品的制作方法。
（3）了解广告公司的基本工作流程。
（4）了解基本印刷知识和广告制作工艺。

2. 能力目标

（1）了解岗位工作流程，能正确填写任务单。
（2）了解广告创意方法，能按要求完成广告版面的编排设计。
（3）能按照给定的创意方案运用平面设计软件完成广告制作。
（4）能按平面广告作品的输出要求输出广告作品。
（5）能完成广告活动的创意执行、作品后期制作、资料归档及活动执行的工作。
（6）能通过网络、书籍等方式对新知识、新技术、新标准进行有效的学习。

3. 素质目标

（1）具备自我学习的能力。
（2）具备良好的语言表达能力。
（3）具备沟通及协调的能力。
（4）培养责任心与职业道德素养。

## 六、参考学时与学分

参考学时：108学时。
参考学分：6学分。

## 七、课程结构（见表 2-21）

表 2-21 课程结构

| 序号 | 学习任务 | 职业能力 | 知识、技能、态度要求 | 教学活动设计 | 学时 |
|---|---|---|---|---|---|
| 1 | 海报设计 | 08-02 | （1）了解广告设计基础知识（包括背景、分类、特点等）、了解海报设计的基础知识<br>（2）参加客户部、创意部的内部制作讨论会<br>（3）能用图片、口述相结合的方式进行创意的呈现<br>（4）了解海报设计的基础知识，能按流程跟进和执行客服部、部门主管、领导下达的工作任务<br>（5）阅读任务单，明确工作任务及要求<br>（6）能对图片进行必要的调整（如扫描、抠图、修图、调色等工作，严格按照设计标准完成工作） | 模拟广告公司情景进行广告案例分析并临摹公益海报 | 42 |
|  |  | 08-03、<br>11-01-01～<br>11-01-04 | （1）了解广告创意的基础知识<br>（2）了解海报设计与制作的基本方法<br>（3）了解头脑风暴法的规则<br>（4）能以规定的课题和目标为中心发表个人想法，并用口述的方式进行创意的表述<br>（5）建立创意想法的素材库。包括行业成功案例、收集和整理与创意想法相关的意向图片等<br>（6）能提出寻找相关设计素材的明确的意向<br>（7）通过互联网、书籍等方式准到位地找图<br>（8）校对样稿<br>（9）打印小稿（黑白稿或彩色稿）<br>（10）提交样稿给客户进行第一次校对<br>（11）根据校对意见，修改印品设计<br>（12）将排版的结果按照印刷工艺要求输出。如规范标明材料、工艺、规格、出血位等 | 模拟广告公司情景进行海报设计案例分析并临摹、创作商业海报 |  |

续上表

| 序号 | 学习任务 | 职业能力 | 知识、技能、态度要求 | 教学活动设计 | 课时 |
|---|---|---|---|---|---|
| 2 | 宣传单设计 | 10-01 | （1）了解宣传单的基础知识<br>（2）了解宣传单的设计方法<br>（3）熟悉宣传单的工作流程，能正确填写任务单<br>（4）跟进主管部门提供的客户资料<br>（5）正确保存客户的项目负责人联系方式，如单位名称和地址、手机号码、QQ 号、邮箱等<br>（6）确认设计时间及作品完稿顺序和完稿时间<br>（7）分析客户提供信息，检查资料是否齐全<br>（8）与客户的项目负责人确认客户资料（是否齐全、是否有误、是否需要更新与补充）<br>（9）在客户提出与工作单内容不相符的设计要求时，能及时向上级部门反馈<br>（10）能按客户实际尺寸要求运用 Photoshop、Illustrator、CorelDRAW 等设计软件设定版面<br>（11）能将确认无误的文案、图片等资料导入设计页面（预留出血位）；总体规划印刷品的结构框架，如页码规格的设定，内容章节的划分，图片表格的分配，装订方式及印刷后期主要工艺等因素<br>（12）根据自身的专业特点、设计步骤等进行各个阶段或环节的自检。自检项目包括：尺寸、版面元素位置、图形分辨率、文字内容、色彩是否正确等；完成初稿设计并提交上级进行审核通过；设计立体展示效果图 | 模拟广告公司情景进行宣传单设计案例分析并临摹、设计促销型宣传单张 | 36 |

续上表

| 序号 | 学习任务 | 职业能力 | 知识、技能、态度要求 | 教学活动设计 | 学时 |
|---|---|---|---|---|---|
| 3 | 户外广告设计 | 11-01-01~11-01-04 | （1）建立创意想法的素材库，包括行业成功案例、收集和整理与创意想法相关的意向图片等<br>（2）能提出搜索相关设计素材的明确意向<br>（3）通过互联网、书籍等方式准确到位地找图<br>（4）分析、归类客户提供的素材<br>（5）通过互联网、照相机、扫描仪等方式采集与主题创作有关的图像素材<br>（6）将采集的各类素材按设计意向进行处理，如抠图、修图、调色等<br>（7）依据既定草图和确定的创意概念进行图形创意表现、标题字体创意表现、色彩创意表现、标题字体版式表现<br>（8）整理完稿的工作卡，含完整的资料（尺寸、颜色、文案及文件形式等）<br>（9）退还客户所给的纸质文件及照片等素材，并签字确认<br>（10）电子文件刻录光盘，包含链接文件、素材等电子资料，印前客户签字稿，印刷成品及客户相关资料 | 模拟设计公司项目（商业海报设计） | 30 |
| 合　　计 | | | | | 108 |

注："职业能力"栏目填写的职业能力编码与附录"1. 美术设计与制作专业—广告设计与制作专业职业能力分析表"中的编码对应。

## 八、资源开发与利用

注重多媒体课件、教学视频等常用课程资源和现代化教学资源的开发和利用，这些资源有利于创设形象生动的工作情境，激发学生的学习兴趣，促进学生对知识的理解和掌握。同时，建议加强常用课程资源的开发，建立多媒体课程资源的数据库，努力实现跨学校多媒体资源共享，提高课程资源利用效率。

## （一）教材编写与使用

建议由一线专业教师和行业专家依据本课程标准编写教材。基本要求有以下四个方面：

（1）结合广告设计专业的知识学习和岗位职业能力的培养，依据本课程标准编写教材。

（2）教材注重岗位职业能力培养，以项目驱动任务，结合案例分析平面广告作品的创作、制作，根据学生的认知特点，通过案例分析、模拟训练等项目来编写教材。

（3）教材图文并茂，语言深入浅出。

（4）教材内容与时俱进，引用国内外最新的资源，案例典型，具有可操作性。

## （二）数字化资源开发与利用

（1）积极开发和利用网络课程资源，充分利用诸如电子书籍、电子期刊、数据库、数字图书馆、教育网站和电子论坛等网络信息资源，使教学从单一媒体向多种媒体转变，教学活动从信息的单向传递向双向交换转变，学生从单独学习向合作学习转变。同时应积极创造条件搭建远程教学平台，扩大课程资源的交互空间。

（2）产学合作开发实验实训课程资源，充分利用本行业典型的企业资源，加强产学合作，建立实习实训基地，实践工学交替，满足学生的实习实训需求，同时为学生提供就业机会。

## 九、教学建议

### （一）教学方法

以项目驱动任务，以实际任务为主线展开教学活动。

（1）在教学过程中结合项目的策划方案，以平面广告作品的创作、制作为主线，通过模拟案例分析、模拟训练等项目，使学生掌握广告设计的方法与技巧。

（2）采用由浅入深、循序渐进的教学模式，让学生在完成项目制作的同时掌握相关的知识点，充分体现"做中学、学中做"的职业教学理念。

（3）应用多种教学方法，激发学生的学习兴趣，培养学生独立学习的能力。

### （二）教学条件

（1）提供多媒体课室，结合视频教学媒体授课。

（2）提供实训室。实训场地有教室和实训机房，主要设备有：配备双核中央处理器、内存 2 G、硬盘 120 G 以上的电脑主机，17 英寸显示器，配置网络教学系统，安装有 Photoshop、Illustrator、CorelDRAW、Flash、Dreamweaver、PageMaker 等设计软件。

## 十、教学评价

注重过程考核,采用项目考核与综合考核相结合,项目考核在每个项目完成后进行,综合考核在整个课程结束后进行,主要让学生运用在各个项目中学会的技能进行综合项目的制作。(见表 2-22)

表 2-22 项目考核

| 项目 | 考核形式 | 考核要求 | 分值 |
| --- | --- | --- | --- |
| 海报设计 | 作品 | 海报主题突出,画面主次分明,色彩协调,版面协调 | 30 |
| 宣传单设计 | 作品 | 宣传单张主题突出,符合输出要求,画面主次分明,色彩协调,版面协调 | 30 |
| 户外广告设计 | 作品 | 户外广告主题突出,符合施工户外工艺,画面主次分明,色彩协调,版面协调 | 30 |
| 出勤 | | — | 10 |
| 合　计 | | | 100 |

(撰稿人:陈在伟)

# 中职学段：插画课程标准

## 一、课程名称

插画。

## 二、适用专业

本课程既适用于中高职衔接的中职美术设计与制作专业，也适用于中职广告设计专业。

## 三、课程性质

本课程是中职学段美术设计与制作专业（技能）的方向课程之一。课程的任务是使学生了解插画设计的理论和工作流程，理解插画设计的方法与原则，能够将插画灵活运用到广告、包装、书籍插图中，从而提高学生运用视觉传达的基本原理进行商业插画设计与绘制的能力。掌握从事插画设计职业岗位实际工作的专业技术和职业能力，为后续的广告设计课程学习奠定良好的基础。

## 四、课程设计

本课程主要培养学生的插画设计与制作能力。

### （一）前后课程的关系

#### 1. 与前置课程的关系

本课程的前置课程是广告制作。该课程教学目标是使学生理解平面广告设计的基础知识，理解平面广告作品设计、制作的方法，使学生能够结合其他课程以及在生活中所获得的知识，运用平面设计软件完成广告作品的设计与制作；培养学生正确的设计理念及广告制作方法，提高学生对广告作品的鉴赏能力以及创造能力，在引导学生制作平面广告作品的同时促进学生设计个性的发展，使学生对完成真实的广告设计任务的各个环节的关键能力有一个系统的认识。

#### 2. 与后续课程的关系

本课程的后续课程是网店装修。该课程主要培养学生良好的职业道德、团队协作精神，以及掌握网店设计的各种知识，并运用研学知识能做出符合主题网店的能力。

### （二）课程设计的思路

本课程以插画设计的岗位工作任务流程为主线，通过案例分析讲解、模拟项目来组织教学，引导学生在项目活动中学会设计与制作各类商业插画，掌握插画设计整个流程，培养学生能够独立设计与制作商业插画的能力。整个课程教学设计由 6 个项目组成，采用由浅入深、循序渐进的教学模式，让学生在完成项目的同时掌握相关的知识点。

## 五、课程教学目标

本课程的教学目标是使学生掌握插画的基本理论知识，掌握一般广告插画设计的创意方法、表现技法，并能够用电脑设计软件完成作品。本课程是一门实践性和实用性较强的课程，既能训练学生操作设计软件的基本技能，又能培养学生分析解决实际设计任务的综合能力。

### 1. 知识目标

（1）了解商业插画的特征。
（2）掌握各类广告插画作品的创作方法。
（3）掌握插画的应用领域。
（4）了解印刷的基本知识。

### 2. 能力目标

（1）掌握常见的插画表现技法、插画设计的分类。
（2）熟悉头脑风暴法的规则，并能运用手绘草图的方式帮助构思、版面规划。
（3）能选择恰当的创意设计手法完成创意方案。
（4）能准确理解项目策略和风格定位并转化为准确的平面表现。
（5）能根据项目要求运用形式美法则进行书籍、月历、卡通漫画、广告、包装的插画设计。
（6）能运用设计软件进行设计稿的制作。
（7）能通过网络、书籍等方式对新知识、新技术、新标准进行有效的学习。

### 3. 素质目标

（1）具备自我学习的能力。
（2）具备良好的语言表达能力。
（3）具备沟通及协调的能力。
（4）培养责任心与职业道德素养。

## 六、参考学时与学分

参考学时：72 学时。
参考学分：4 学分。

## 七、课程结构（见表 2-23）

表 2-23　课程结构

| 序号 | 学习任务 | 职业能力 | 知识、技能、态度要求 | 教学活动设计 | 学时 |
|---|---|---|---|---|---|
| 1 | 插画基本知识和作品欣赏 | 11-01-01、21-11-01~21-11-03 | （1）能够运用插画知识以及形式美法则分析插画设计作品<br>（2）能了解插画的应用，明确插画设计学习的目的及重要性<br>（3）了解插画设计的原则和形式 | （1）教师通过图片展示讲解形式美法则知识<br>（2）学生欣赏图片<br>（3）学生进行图片评析 | 4 |
| 2 | 卡通漫画类插画设计 | 11-02-05、21-01-05、21-08-01、21-11-05 | （1）能进行漫画类插画作品的收集、分类、赏析<br>（2）能够根据主题需要选择合适的设计风格<br>（3）能设计1~2款设计样稿<br>（4）能够熟练运用设计软件进行插画制作 | （1）学生对漫画类插画的作品进行收集和分析<br>（2）教师总结设计注意事项<br>（3）学生作品展示、点评 | 12 |
| 3 | 月历插图设计 | 11-01-01、11-02-03、11-02-05、21-11-02、21-11-07、21-11-18、21-11-20 | （1）掌握月历插画设计的基本知识<br>（2）能根据月历的设计要求选定主题<br>（3）能够对文字和图形正确排版<br>（4）能够运用相关设计软件设计制作1~2款版式设计样稿<br>（5）熟悉印刷的基本知识 | （1）课前让学生搜集月历设计案例<br>（2）课堂进行月历设计特点分析<br>（3）根据项目要求进行宣传月历设计<br>（4）学生作品展示、点评 | 12 |
| 4 | 书籍插画设计 | 11-01-03、11-02-01、11-02-02、11-02-05、13-07-04、21-11-02、21-11-05、21-11-20 | （1）能根据书籍类型确定设计风格<br>（2）能根据主题处理图形信息<br>（3）能够按照书籍要求进行图片排版<br>（4）能够运用相关设计软件设计制作1~2款版式设计样稿<br>（5）能够运用形式美法则设计封面和内页的插画<br>（6）熟悉印刷的基本知识 | （1）教师进行书籍插画设计的图片欣赏和讲解<br>（2）学生进行模拟项目的插画设计<br>（3）师生共同评价 | 16 |

续上表

| 序号 | 学习任务 | 职业能力 | 知识、技能、态度要求 | 教学活动设计 | 学时 |
|---|---|---|---|---|---|
| 5 | 广告插画设计 | 11-02-01～11-02-05、13-02-01、14-01-01、14-02-04、21-11-05、21-11-09 | （1）了解广告项目及项目的受众对象<br>（2）了解广告插画的特点和基本原则<br>（3）能选择恰当的创意设计手法完成创意方案<br>（4）能对图片进行必要的调整和排版<br>（5）能运用设计软件进行设计制作<br>（6）能够设计1~2款设计样稿<br>（7）能打印、校对样稿<br>（8）熟悉印刷工艺 | （1）师生通过优秀案例的赏析，分析广告插画的特点<br>（2）学生完成一份主题广告插画设计<br>（3）学生作品展示，教师对存在问题进行分析<br>（4）学生修改作品<br>（5）师生共同归纳及小结 | 16 |
| 6 | 包装插画设计 | 11-02-05、13-02-01、13-02-02、21-01-05、21-08-05、21-11-05、21-11-07、21-11-09、21-11-10 | （1）了解插画在包装设计中的应用<br>（2）能根据项目要求，设计个性化包装插画，并制作出效果图<br>（3）能选择恰当的创意设计手法完成创意方案<br>（4）能设计出几款样稿<br>（5）熟悉印刷工艺及材料 | （1）学生搜集优秀的包装设计作品进行赏析<br>（2）教师总结包装插画的规律和特点<br>（3）学生完成一份主题包装插画设计<br>（4）学生作品展示分享与点评 | 12 |
| | | | 合　　计 | | 72 |

注："职业能力"栏目填写的职业能力编码与附录"1.美术设计与制作专业—广告设计与制作专业职业能力分析表"中的编码对应。

## 八、资源开发与利用

注重多媒体课件、教学视频等常用课程资源和信息化教学资源的开发和利用，这些资源有利于创设形象生动的工作情境，激发学生的学习兴趣，促进学生对知识的理解和掌握。同时，建议加强常用课程资源的开发，建立多媒体课程资源的数据库，努力实现跨学校多媒体资源共享，提高课程资源利用效率。

## （一）教材编写与使用

建议由一线专业教师和行业专家依据本课程标准编写教材。基本要求有以下四个方面：

（1）结合广告设计专业的知识学习和岗位职业能力的培养，依据本课程标准编写教材。

（2）教材注重岗位职业能力培养，以项目驱动任务，以实际任务为引领，结合策划方案以广告插画作品的创作、制作为主线，根据中职学生的认知特点，通过案例分析、模拟训练等项目来编写教材。

（3）教材图文并茂，语言深入浅出。

（4）教材内容与时俱进，引用国内外最新的资源，案例典型，具有可操作性。

## （二）数字化资源开发与利用

（1）积极开发和利用网络课程资源，充分利用诸如电子书籍、电子期刊、数据库、数字图书馆、教育网站和电子论坛等网络信息资源，开发对应插画的微课视频教学资源库，使教学从单一媒体向多种媒体转变，教学活动从信息的单向传递向双向交换转变，学生从单独学习向合作学习转变。同时应积极创造条件搭建远程教学平台，扩大课程资源的交互空间。

（2）产学合作开发实验实训课程资源，充分利用本行业典型的企业资源，加强产学合作，建立实习实训基地，实践工学交替，满足学生的实习实训需求，同时为学生提供就业机会。

# 九、教学建议

## （一）教学方法

以项目驱动任务，以实际任务为主线展开教学活动。

（1）在教学过程中结合项目的策划方案，以广告插画作品的创作、制作为主线，通过模拟案例分析、模拟训练等项目，使学生掌握广告插画设计的方法与技巧。

（2）采用由浅入深、循序渐进的教学模式，让学生在完成项目制作的同时掌握相关的知识点，充分体现"做中学、学中做"的职业教学理念。

（3）应用多种教学方法，激发学生的学习兴趣，培养学生独立学习的能力。

## （二）教学条件

（1）提供多媒体课室，结合视频教学媒体授课。

（2）提供实训室。实训场地有教室和实训机房，主要设备包括：配备双核中央处理器、内存2 G、硬盘120 G以上的电脑主机，17英寸显示器，配置网络教学系统，安装有

Photoshop、Illustrator、CorelDRAW、Flash、Dreamweaver、PageMaker、Corel Painter 等设计软件。

## 十、教学评价

注重过程考核，采用项目考核与综合考核相结合，项目考核在每个项目完成后进行，综合考核在整个课程结束后进行，主要让学生运用在各个项目中学会的技能进行综合项目的制作。（见表 2-24）

表 2-24 项目考核

| 项目 | 考核形式 | 考核要求 | 分值 |
| --- | --- | --- | --- |
| 插画基本知识和作品欣赏 | PPT | 能用图片、口述、手稿相结合的方式进行创意的呈现 | 10 |
| 卡通漫画类插画设计 | 作品 | 能够根据主题需要选择合适的设计风格 | 10 |
| 月历插图设计 | 模拟项目 | 能够突出项目要求，设计具有个性特点和美感的作品 | 20 |
| 书籍插画设计 | 模拟项目 | 能根据形式美法则，结合项目要求进行书籍插画的设计。作品符合书籍插图的排版和印刷要求 | 10 |
| 广告插画设计 | 模拟项目 | 能根据项目要求进行广告插画设计。作品表现主题突出，具有商业表现力和艺术表现力 | 20 |
| 包装插画设计 | 模拟项目 | 能按照项目要求进行包装插画设计，作品能突出个性特点，符合印刷工艺要求 | 20 |
| 出勤 | — | | 10 |
| 合　计 | | | 100 |

（撰稿人：吴燕蔚）

# 中职学段：网店装修课程标准

## 一、课程名称

网店装修。

## 二、适用专业

本课程既适用于中高职衔接的中职美术设计与制作专业，也适用于中职广告设计专业。

## 三、课程性质

本课程是中职学段美术设计与制作专业（技能）的方向课程之一。网店装修是一门集美学、Photoshop 设计软件图片设计，Flash 设计软件动画制作，网页设计等设计软件应用为主的实践性课程，培养学生具备良好的创意和一定程度的审美观。主要面向网站界面设计、网站美工设计、网页制作、网站开发等相关岗位，帮助学生明确网站界面设计在网站开发中的重要性，关键培养学生具备一定的网站界面设计能力，能独立完成一个网站界面的设计与制作，为后续课程学习打下扎实的基础，具备网站界面设计的素质和技能，最终成为适应社会岗位需求的网站建设与管理人才。

## 四、课程设计

本课程主要培养学生成为技能全面，实战能力超强的"能手"型人才。

### （一）前后课程的关系

#### 1. 与前置课程的关系

本课程的前置课程是广告制作。该课程教学目标是使学生理解平面广告设计的基础知识，理解平面广告作品设计、制作的方法，使学生能够结合其他课程以及在生活中所获得的知识，运用平面设计软件完成广告作品的设计与制作；培养学生正确的设计理念及广告制作方法，提高学生对广告作品的鉴赏能力以及创造能力，在引导学生制作平面广告作品的同时促进学生设计个性的发展，使学生对完成真实的广告设计任务的各个环节的关键能力有一个系统的认识。

#### 2. 与后续课程的关系

本课程的后续课程是综合设计。该课程主要是提高学生综合职业技能的一个非常有效的锻炼过程。该课程重点培养学生在排版方面的创意设计思维和技术水平，进一步提高职业综合技能和应用所学知识进行问题分析与解决的能力，为学生走向工作岗位打下坚实的基础。

## （二）课程设计的思路

本课程侧重介绍网店装修的基本理论、基础知识、基本技能和方法，使学生了解网站和网页的基本设计思想，掌握对色彩基础知识、平面构成、网页的版式构成与设计及创意等相关的内容。在完成基础知识教学任务的同时，还要着重加强学生实际动手能力的培养。

本课程采用理论与实践相结合的案例教学法和项目教学模式，将平面设计理论知识与网页设计充分结合，注重实践应用能力的培养，提供相应的训练内容，加强实践操作技能的培养，增强学生择业、就业和适应职业变化的能力。

## 五、课程教学目标

本课程的教学目标主要是培养学生良好的职业道德、团队的协作精神，以及掌握网店装修的各种知识，并运用所学知识按要求完成符合主题的网店的能力。

1. 知识目标

（1）网页美工设计的基本知识。
（2）网页设计中平面构成及色彩搭配的原理。
（3）网页设计中字体的设计原理。
（4）网页设计中的排版与布局技巧。
（5）网页设计中的动画制作。
（6）网店首页、产品详情页、活动页面的设计。

2. 能力目标

（1）掌握并熟练应用网页设计中的平面构成、色彩心理及色彩搭配的原理。
（2）能熟练掌握网页设计中字体的设计原理。
（3）熟练掌握并活用网页设计的排版与布局技巧。
（4）掌握并活用图片和动画。
（5）掌握和优化网店页面设计。

3. 素质目标

（1）具有勤奋学习的态度，严谨求实、创新的工作作风。
（2）具有良好的心理素质和职业道德素养。
（3）具有高度责任心和良好的团队合作精神。
（4）具有较强的网店设计创意思维和艺术设计能力。

## 六、参考学时与学分

参考学时：72 学时。
参考学分：4 学分。

## 七、课程结构（见表 2–25）

表 2–25　课程结构

| 序号 | 学习任务 | 职业能力 | 知识、技能、态度要求 | 教学活动设计 | 学时 |
|---|---|---|---|---|---|
| 1 | 网页平面构成 | 11–02–05、21–11–01、21–11–02 | （1）理解网店装修基础知识<br>（2）掌握平面构成原理、构成形式<br>（3）掌握网页美工需要具备的能力；理解平面构成原理及构成形式<br>（4）掌握网页平面构成的方法<br>（5）掌握平面构成形式并应用于网页设计<br>（6）掌握构成形式在网页设计中的运用 | （1）网页美工使用的设计工具<br>（2）案例展示—学生实操—讲评 | 8 |
| 2 | 网页的色彩搭配 | 11–02–05、21–11–01～21–11–03、21–11–07 | （1）网页配色原理中色彩的搭配、调和、对比、变化，以及网页常用配色分析<br>（2）熟悉网页色彩心理<br>（3）了解色彩构成原理<br>（4）掌握网页配色原理，结合网页色彩心理的理论，并运用于网页设计中 | （1）网页常用配色的分析<br>（2）案例展示—学生实操—讲评 | 4 |
| 3 | 网页的字体设计 | 11–01–05、13–04–03、13–06–03、21–11–01～21–11–03、21–11–07 | （1）掌握字体设计的基本原理<br>（2）掌握网页设计中字体与版式设计的技巧<br>（3）掌握字体颜色的运用<br>（4）掌握网页设计中字体与版式设计的相关内容与"扩大选取"和"选取相似"命令搭配使用的方法；能够灵活设计字体版式 | （1）网页字体与版式设计，培养学生的制作能力<br>（2）案例展示—学生实操—讲评 | 8 |

续上表

| 序号 | 学习任务 | 职业能力 | 知识、技能、态度要求 | 教学活动设计 | 学时 |
|---|---|---|---|---|---|
| 4 | 网页图像处理 | 11-01-05、11-02-01、11-02-02、13-06-01、13-06-02、21-11-01～21-11-03、21-11-07、21-11-14 | （1）掌握网页背景处理、图像无缝连接、图像抽丝效果、浮点效果、阴影效果设计的方法<br>（2）掌握几种背景效果处理及图像抽丝效果的制作<br>（3）掌握图像颜色调整，及多种滤镜效果和图层效果的使用等与图像处理相关的操作 | （1）网页图像颜色调整<br>（2）滤镜效果的使用<br>（3）图层效果的使用<br>（4）案例展示—学生实操—讲评 | 4 |
| 5 | 网页动画处理 | 11-01-05、21-11-01～21-11-03、21-11-07、21-11-11、21-11-12、21-11-15 | （1）了解网络动画的分类<br>（2）了解网络动画的制作<br>（3）了解网络动画的指导方针<br>（4）掌握动画嵌入的方法<br>（5）掌握网络动画的制作技巧<br>（6）理解网络动画设计思想<br>（7）掌握动画在网页中的应用 | （1）网页动画的设计和制作<br>（2）将动画与网页无缝连接<br>（3）案例展示—学生实操—讲评 | 4 |
| 6 | 网页排版与布局 | 11-01-05、11-02-01、11-02-02、12-03-05、13-02-01、13-02-02、13-04-02、13-04-03、13-04-05、21-11-01～21-11-03、21-11-07、21-11-14 | （1）掌握明确网站设计风格的方法<br>（2）掌握关于网页标志的知识点<br>（3）了解简约网页设计的特点以及网页设计中的版式设计技巧<br>（4）理解如何将网页设计变得简约<br>（5）理解网页设计中版式设计的原理<br>（6）掌握网页布局、按钮的设计，高级设计导航方法 | （1）网页布局设计，网页导航按钮设计<br>（2）案例展示—学生实操—讲评 | 8 |

续上表

| 序号 | 学习任务 | 职业能力 | 知识、技能、态度要求 | 教学活动设计 | 学时 |
|---|---|---|---|---|---|
| 7 | 网店平面制作 | 11-01-05、11-02-01、11-02-02、12-03-05、13-02-01、13-02-02、13-04-02、13-04-03、13-04-05、21-11-01~21-11-03、21-11-07、21-11-14 | （1）了解网店首页设计与制作的基础知识<br>（2）掌握版面整体设计、背景设置、主题图像、导航菜单、网店页面的设计与制作的方法<br>（3）了解产品详情页制作的基础知识<br>（4）掌握版面整体设计、背景设置、主题图像及标题的制作、优化效果的方法与技巧<br>（5）了解活动专题页制作的基础知识 | （1）制作网店首页<br>（2）制作产品详情页<br>（3）制作活动专题页<br>（4）案例展示—学生实操—讲评 | 16 |
| 8 | 综合案例 | 10-01-02、10-02-01、10-02-02、10-02-04、11-01、11-02、12-03-05、13-04~13-07、21-05、21-06、21-11-02、21-11-05、21-11-07、21-11-11、21-11-12、21-11-15 | （1）了解不同网站设计的主要原则<br>（2）了解静态网页和动态网页的综合应用<br>（3）掌握利用网页元素设计网页的技巧<br>（4）了解网站设计的要素，能综合应用网页设计的各种知识设计网站 | 综合案例仿做，如仿做甜美主义女装、新时尚绿植馆、精美饰品店、家居生活馆、彩妆护肤店、母婴用品网店等 | 20 |
| 合　　计 | | | | | 72 |

注："职业能力"栏目填写的职业能力编码与附录"1. 美术设计与制作专业—广告设计与制作专业职业能力分析表"中的编码对应。

## 八、资源开发与利用

注重多媒体课件、教学视频等常用课程资源和现代化教学资源的开发和利用,这些资源有利于创设形象生动的工作情境,激发学生的学习兴趣,促进学生对知识的理解和掌握。同时,建议加强常用课程资源的开发,建立多媒体课程资源的数据库,努力实现跨学校多媒体资源共享,提高课程资源利用效率。

### (一)教材编写与使用

建议由一线专业教师和行业专家依据本课程标准编写教材。基本要求有以下四个方面:

(1)结合广告设计专业知识学习和岗位职业能力的培养,依据本课程标准编写教材。

(2)教材注重岗位职业能力培养,以项目驱动任务,以实际任务为引领,结合策划方案以网页的创作、制作为主线,根据学生的认知特点,通过案例分析、模拟训练等项目来编写教材。

(3)教材图文并茂,语言深入浅出。

(4)教材内容与时俱进,引用国内外最新的资源,案例典型,具有可操作性。

### (二)数字化资源开发与利用

(1)积极开发和利用网络课程资源,充分利用诸如电子书籍、电子期刊、数据库、数字图书馆、教育网站和电子论坛等网络信息资源,使教学从单一媒体向多种媒体转变,教学活动从信息的单向传递向双向交换转变,学生从单独学习向合作学习转变。同时应积极创造条件搭建远程教学平台,扩大课程资源的交互空间。

(2)产学合作开发实验实训课程资源,充分利用本行业典型的企业资源,加强产学合作,建立实习实训基地,实践工学交替,满足学生的实习实训需求,同时为学生提供就业机会。

## 九、教学建议

### (一)教学方法

以项目驱动任务,以实际任务引领为主线展开教学活动过程。

(1)在教学过程中结合项目的策划方案,以网页作品的创作、制作为主线,通过模拟案例分析、模拟训练等项目,使学生掌握网页设计的方法与技巧。

(2)采用由浅入深、循序渐进的教学模式,让学生在完成项目制作的同时掌握相关的知识点,充分体现"做中学、学中做"的职业教学理念。

(3)应用多种教学方法,激发学生的学习兴趣,培养学生独立学习的能力。

### (二)教学条件

(1)提供多媒体课室,结合视频教学媒体授课。

(2) 提供实训室。实训场地有教室和实训机房，主要设备包括：配备双核中央处理器、内存 2 G、硬盘 120 G 以上的电脑主机，17 英寸显示器，配置网络教学系统，安装有 Photoshop、Illustrator、CorelDRAW、Indesign、Flash 等设计软件。

## 十、教学评价

注重过程考核，采用项目考核与综合考核相结合，项目考核在每个项目完成后进行，综合考核在整个课程结束后进行，主要让学生运用在各个项目中学会的技能进行综合项目的制作。（见表 2 – 26）

表 2 – 26  项目考核

| 项目 | 考核形式 | 考核要求 | 分值 |
| --- | --- | --- | --- |
| 网页平面构成 | 作品 | 通过动手实践，体会手绘的感觉及学习手绘的技法，学会运用上机操作的方法进行平面色彩构成的练习 | 5 |
| 网页的色彩搭配 | 作品 | 通过上机操作进行色彩搭配的练习，掌握涂色以及色彩调配方法进行平面色彩构成练习 | 10 |
| 网页的字体设计 | 作品 | 标题大小、粗细要合适，标题色彩使用合理，能利用画面空间突出标题；能运用不同的字体并适用于不同的网页文字内容，体现不同的视觉效果 | 10 |
| 网页图像处理 | 作品 | 处理后的图像要有良好的视觉吸引力，能吸引浏览者的眼球，简洁明晰地传达网站信息 | 10 |
| 网页动画处理 | 作品 | 参加小型作品展；作品主题突出，具有商业表现力和艺术表现力；作品资料归档完整 | 5 |
| 网页排版与布局 | 作品 | 能对各行业网店店铺首页的布局、店铺首页的样式美化、版面的编排与配色案例解析，学会先借鉴后创新 | 15 |
| 网店平面制作 | 作品 | 熟练掌握设计网页版面与制作的方法和技巧，能够运用美术思想来设计制作具有观赏性的网页页面 | 15 |
| 综合案例 | 作品 | 网站整体结构清晰，导航方便；页面布局合理、简洁流畅，颜色搭配协调统一；能设计富有一定意义的网站标志 | 30 |
| 合　计 | | | 100 |

（撰稿人：陈丽苑）

# 中职学段：综合设计课程标准

## 一、课程名称

综合设计。

## 二、适用专业

本课程既适用于中高职衔接的中职广告设计专业，也适用于中职广告设计专业。

## 三、课程性质

本课程是中职学段美术设计与制作专业（技能）的方向课程之一。通过本课程的学习，将本专业已学过的专业知识、技能以及所形成的单项或单元能力通过综合性项目进行融合，使学生能独立完成综合性广告设计典型工作任务，培养学生从事广告设计工作的兴趣与爱好以及良好的职业习惯与素养。

## 四、课程设计

本课程主要培养学生完成综合性广告设计典型工作任务的能力。

### （一）前后课程的关系

#### 1. 与前置课程的关系

本课程的前置课程是素描、色彩、设计基础、图形图像制作、计算机辅助设计、摄影基础、字体设计、图形设计、标志设计、版式设计、广告制作、插画、网店装修等课程。学生已经具备了相关基础的广告设计知识和图形图像制作的基本技能，为本课程学习奠定了理论和操作基础。

#### 2. 与后续课程的关系

本课程的后续课程是广告客户服务方向项目实训。该课程主要培养学生树立先进的客户服务理念，掌握娴熟的客户服务技能，使学生能够在客户服务岗位上完成客户咨询、促成客户交易、处理客户投诉等工作，培养学生的自我学习能力、准确的语言表达能力、沟通与协调能力、良好的责任心与职业道德，为学生今后从事客户服务工作奠定坚实的理论和实践基础。

### （二）课程设计的思路

本课程以实际任务为引领，以广告设计专业方向的岗位职业能力为依据，根据学生的认知特点，通过案例分析讲解、模拟岗位工作任务等活动项目来组织教学，培养学生能够独立完成岗位工作任务的能力和丰富实际工作经验，整个课程教学设计由 4 个项目组成，采用由浅入深、循序渐进的教学模式，让学生在完成项目的同时掌握相关的知识点。

## 五、课程教学目标

本课程的教学目标是使学生融会贯通所学的基础知识和专业知识，提高实际操作能力，使学生能够结合其他课程以及在生活中所获得的知识，运用设计软件完成广告作品的设计与制作，培养学生系统的设计理念及广告制作方法，提高学生的自学能力和独立工作能力，促进学生设计个性的发展。

1. 知识目标

（1）熟悉相关美术设计的理论。
（2）了解色彩的情感特征。
（3）熟悉广告设计专业的基础知识。
（4）掌握广告作品的制作方法。
（5）熟练运用广告设计软件。
（6）熟悉基本印刷知识。如输出、印前制作、后期制作等印刷常识。

2. 能力目标

（1）能按平面广告作品输出要求制作广告作品。
（2）能熟练运用设计软件处理图形、编辑文字、设计平面展开图和展示效果图。
（3）能运用形式美法则设计广告作品。
（4）能利用互联网对信息收集、存储、解码、提取及应用。
（5）能通过网络、书籍等方式对新知识、新技术、新标准进行有效的学习。

3. 素质目标

（1）具备自我学习的能力。
（2）具备良好的语言表达能力。
（3）具备沟通及协调的能力。
（4）培养责任心与职业道德素养。

## 六、参考学时与学分

参考学时：108 学时。
参考学分：6 学分。

## 七、课程结构（见表 2-27）

表 2-27　课程结构

| 序号 | 学习任务 | 职业能力 | 知识、技能、态度要求 | 教学活动设计 | 学时 |
|---|---|---|---|---|---|
| 1 | 海报设计 | 17-01-01～<br>17-01-03、<br>17-02-01、<br>17-02-02、<br>21-11-01～<br>21-11-15 | （1）能运用海报设计的基本方法设计商业海报<br>（2）能运用平面设计软件对图片进行必要的调整（如扫描、抠图、修图、调色等工作，严格按照设计标准完成工作任务）<br>（3）能建立创意想法素材库。包括行业成功案例，收集和整理与创意想法相关意向的图片等<br>（4）能查找与设计素材相关的图片<br>（5）通过互联网、书籍等方式准确地找图<br>（6）将排版的结果按照印刷工艺要求输出，如规范标明材料、工艺、规格、出血位等 | 临摹及仿做商业海报的平面展开图和立体效果图 | 18 |
| 2 | 包装设计 | 17-01-01～<br>17-01-03、<br>17-02-01、<br>17-02-02、<br>21-11-01～<br>21-11-15 | （1）了解商业包装设计的基础知识<br>（2）能用设计软件临摹包装设计的平面展开图和立体效果图<br>（3）能进行包装设计的图形创意表现、标题字体创意表现、色彩创意表现、标题字体版式表现以及产品标志设计表现 | 临摹及仿做包装设计的平面展开图和立体效果图 | 30 |
| 3 | 书籍设计 | 17-01-01～<br>17-01-03、<br>17-02-01、<br>17-02-02、<br>21-11-01～<br>21-11-15 | （1）了解书籍装帧的基础知识<br>（2）能通过仿做书籍装帧作品熟悉书籍装帧的工作流程<br>（3）能运用 Photoshop、Illustrator、CorelDRAW 等设计软件按客户实际尺寸要求设定书籍版面的参数<br>（4）能准确无误地将文案、图片等资料导入设计页面（预留出血位）；总体规划印刷品的结构框架，如页码规格的设定、内容章节的划分、图片表格的分配、装订方式、印刷后期主要工艺等因素<br>（5）能设计书籍立体展示效果图 | 临摹及仿做书籍的封面、封底及内页 | 24 |

续上表

| 序号 | 学习任务 | 职业能力 | 知识、技能、态度要求 | 教学活动设计 | 学时 |
|---|---|---|---|---|---|
| 4 | 网店装修 | 17-01-01~<br>17-01-03、<br>17-02-01、<br>17-02-02、<br>21-11-01~<br>21-11-15 | （1）掌握利用网页元素设计网页的技巧<br>（2）掌握店招与标志设计、店铺首页设计、各类促销图设计、主图设计的方法<br>（3）能用 Photoshop、Illustrator、CorelDRAW 等设计软件按客户实际尺寸要求和按照形式美法则去规划设定网店版面<br>（4）能综合应用网页设计各种知识设计网站 | 临摹和仿做商业网页设计、网店店铺设计 | 36 |
| 合　　计 |  |  |  |  | 108 |

注："职业能力"栏目填写的职业能力编码与附录"1. 美术设计与制作专业—广告设计与制作专业职业能力分析表"中的编码对应。

## 八、资源开发与利用

注重多媒体课件、教学视频等常用课程资源和现代化教学资源的开发和利用，这些资源有利于创设形象生动的工作情境，激发学生的学习兴趣，促进学生对知识的理解和掌握。同时，建议加强常用课程资源的开发，建立多媒体课程资源的数据库，努力实现跨学校多媒体资源共享，提高课程资源利用效率。

### （一）教材编写与使用

建议由一线专业教师和行业专家依据本课程标准编写教材。基本要求有以下四个方面：

（1）结合广告设计专业的知识学习和岗位职业能力的培养，依据本课程标准编写教材。

（2）教材注重岗位职业能力培养，以项目驱动任务，结合案例分析平面广告作品的创作和制作，根据学生的认知特点，通过案例分析、模拟训练等项目来编写教材。

（3）教材图文并茂，语言深入浅出。

（4）教材内容与时俱进，引用国内外最新的资源，案例典型，具有可操作性。

### （二）数字化资源开发与利用

（1）积极开发和利用网络课程资源，充分利用诸如电子书籍、电子期刊、数据库、数字图书馆、教育网站和电子论坛等网络信息资源，使教学从单一媒体向多种媒体转变，教学活动从信息的单向传递向双向交换转变,学生从单独学习向合作学习转变。同时应积极创造条件搭建远程教学平台,扩大课程资源的交互空间。

(2) 产学合作开发实验实训课程资源,充分利用本行业典型的企业资源,加强产学合作,建立实习实训基地,实践工学交替,满足学生的实习实训需求,同时为学生提供就业机会。

## 九、教学建议

### (一) 教学方法

以项目驱动任务,以岗位工作任务为主线展开教学活动过程。

(1) 在教学过程中结合实际项目,通过案例分析、模拟训练、仿做练习等项目,使学生掌握综合设计的方法与技巧。

(2) 采用由浅入深、循序渐进的教学模式,让学生在完成项目制作的同时掌握相关的知识点,充分体现"做中学、学中做"的职业教学理念。

(3) 应用多种教学方法,激发学生的学习兴趣,培养学生独立学习的能力。

### (二) 教学条件

(1) 提供多媒体课室,结合视频教学媒体授课。

(2) 提供实训室。实训场地有教室和实训机房,主要设备包括:配置双核以上中央处理器、内存 2 G、硬盘 120 G 以上的电脑主机,17 英寸显示器,配备网络教学系统,安装有 Photoshop、Illustrator、CorelDRAW、Flash、Dreamweaver、PageMaker 等设计软件。

## 十、教学评价

注重过程考核,采用项目考核与综合考核相结合,项目考核在每个项目完成后进行,综合考核在整个课程结束后进行,主要让学生运用在各个项目中学会的技能进行综合项目的制作。(见表 2-28)

表 2-28 项目考核

| 项目 | 考核形式 | 考核要求 | 分值 |
| --- | --- | --- | --- |
| 海报设计 | 作品 | 作品符合制作要求,画面主次分明、色彩协调、排版协调 | 30 |
| 包装设计 | 作品 | 作品符合输出要求,画面主次分明、色彩协调、排版协调 | 20 |
| 书籍设计 | 作品 | 作品符合输出要求,画面主次分明、色彩协调、排版协调 | 20 |

续上表

| 项目 | 考核形式 | 考核要求 | 分值 |
| --- | --- | --- | --- |
| 网店装修 | 作品 | 作品符合制作要求,画面主次分明、色彩协调、排版协调 | 20 |
| 出勤 | | — | 10 |
| 合　计 | | | 100 |

（撰稿人：陈在伟）

# 中职学段：广告客户服务方向项目实训课程标准

## 一、课程名称

广告客户服务方向项目实训。

## 二、适用专业

本课程既适用于中高职衔接的中职美术设计与制作专业，也适用于中职广告设计专业。

## 三、课程性质

本课程是中职学段广告客户服务专业（技能）方向课程。通过项目实训，使学生学会如何在一个团队的工作中通过沟通与交流，形成工作方案和安排具体工作计划，并以团队方式合作完成项目工作的能力与经验，启发学生对设定状况与目标积极思考、分析，鼓励多元思维方式并将其表达出来，注重培养学生的知识与技术应用能力和健康人格的发展，培养学生从事广告设计工作的兴趣与爱好，培养良好的职业习惯与素养。

## 四、课程设计

本课程主要培养学生完成综合性广告设计工作过程中客户服务典型工作任务的能力。

### （一）前后课程的关系

#### 1. 与前置课程的关系

本课程的前置课程是素描、色彩、设计基础、图形图像处理、计算机辅助设计、摄影基础、字体设计、图形设计、标志设计、版式设计、广告制作、插画、网店装修、综合设计等课程。学生已经具备了相关基础的广告设计知识和图形图像制作的基本技能，为本课程学习奠定了理论和操作基础。

#### 2. 与后续课程的关系

本课程后续课程是高职学段的课程。

### （二）课程设计的思路

本课程以实际任务为引领，以广告设计专业方向的岗位职业能力为依据，根据学生的认知特点，通过案例分析讲解、模拟岗位工作任务等活动项目来组织教学，培养学生能够独立完成岗位工作任务的能力和实际工作经验，整个课程教学设计由3个项目组成，采用由浅入深、循序渐进的教学模式，让学生在完成项目的同时掌握相关的知识点。

## 五、课程教学目标

本课程的教学目标是培养学生掌握客户服务技能，使学生能够在客户服务岗位上完成综合性广告设计工作过程中客户服务典型工作任务；培养学生的自我学习能力、良好的语言表达能力、沟通及协调能力、良好的责任心与职业道德，使学生学会如何在团队的工作中通过沟通与交流，形成工作方案和安排具体工作计划，并以团队合作方式完成项目工作的能力与经验，启发学生对设定状况与目标积极思考、分析，鼓励多元的思维方式并将其表达出来，注重培养学生知识与技术的应用能力和发展健康人格；培养学生从事广告设计工作的兴趣与爱好，及良好的职业习惯与素养，为学生从事客户服务工作奠定坚实的理论和实践基础。

1. 知识目标

（1）了解客户服务的基础知识。
（2）掌握与客户的沟通技巧。
（3）了解客服基本的工作流程。

2. 能力目标

（1）能有效协调客户关系，准确传达客户的需求。
（2）能进行有效的业务沟通。
（3）具有高效的执行力。
（4）具有客观评价自己表现的能力。
（5）能对客户投诉意见及合理要求进行妥善处理。
（6）能通过网络、书籍等方式对新知识、新技术、新标准进行有效的学习。

3. 素质目标

（1）具备自我学习的能力。
（2）具备良好的语言表达能力。
（3）具备沟通及协调的能力。
（4）培养责任心与职业道德素养。

## 六、参考学时与学分

参考学时：108 学时。
参考学分：6 学分。

## 七、课程结构（见表 2-29）

表 2-29　课程结构

| 序号 | 学习任务 | 职业能力 | 知识、技能、态度要求 | 教学活动设计 | 学时 |
| --- | --- | --- | --- | --- | --- |
| 1 | 广告设计项目客户服务实训 | 10-01～10-03、14-01-01、14-01-02、21-03-01、21-05、21-09-03、21-10-01 | （1）能按流程执行部门主管、领导直接下达的工作任务<br>（2）熟悉工作流程，能正确填写任务单<br>（3）能阅读任务单，明确工作任务及要求<br>（4）能分析客户提供的信息，检查资料是否齐全<br>（5）能与客户的项目负责人确认客户资料（是否齐全、是否有误、是否需要更新与补充）<br>（6）能正确保存该客户的项目负责人联系方式，如单位名称和地址、手机号码、QQ号、邮箱等<br>（7）能在客户提出与工作单内容不相符的设计要求时及时向上级部门反馈<br>（8）能协助设计师校对样稿<br>（9）懂得打印小稿（黑白稿或彩色稿）<br>（10）会送样稿并和客户核对样稿<br>（11）能与客户确认设计时间及作品完稿顺序和完稿时间<br>（12）掌握办公设备、办公软件的使用<br>（13）能遵循社会道德，保护公司商业机密<br>（14）在上班时间不做与工作无关的事，如串岗、闲聊嬉闹、玩弄手机、浏览与工作无关的网站等行为 | 模拟广告公司工作情境进行广告设计项目客户服务实训，如海报设计、包装设计项目工作过程中客户服务的工作实训 | 42 |

续上表

| 序号 | 学习任务 | 职业能力 | 知识、技能、态度要求 | 教学活动设计 | 学时 |
|---|---|---|---|---|---|
| 2 | 活动执行项目客户服务实训 | 12-01、16-01-06、16-01-07、16-02-03、16-05-01、16-05-02、16-05-04、16-05-05、21-06 | （1）能协助上级部门预约提案时间、地点、提案方式<br>（2）能协助上级部门确定双方出席提案会的核心人员<br>（3）能协助上级部门确认提案的方式（邮寄作品集、线上展示、客户恳谈会、提案展示，以及包含客户的酒会和发送邀请函、电子邮件、客户拜访综合的活动等）<br>（4）能协助上级部门准备汇报时用的投影仪、手提电脑、方案PPT文档<br>（5）能把策划文案打印并装订成册<br>（6）能协助上级部门搜集和整理项目所需素材（租金、城管审批文件等）<br>（7）会打印分发详细执行方案<br>（8）能协助上级部门按执行方案的要求及时跟踪活动宣传资料的设计与制作，如邀请函和节目单、背景海报、展板等<br>（9）能协助上级部门按执行方案的要求准备活动现场所需物品，如水、花、灯光、音响设备、桌椅、礼品以及根据活动场地的大小准备1台或多台专业的拍摄像机、摄影机、多首背景音乐等<br>（10）能协助上级部门按执行方案要求管理活动现场所需物品 | 模拟主题活动项目客户服务实训，如校园文艺晚会活动执行、小型作品展活动执行、公司年会活动执行项目工作过程中客户服务的工作实训 | 36 |

续上表

| 序号 | 学习任务 | 职业能力 | 知识、技能、态度要求 | 教学活动设计 | 学时 |
|---|---|---|---|---|---|
| 3 | 设计推广项目客户服务实训 | 16-06-03、16-07、16-08-01、17-02-06、19-01-06、20-01-02、20-02-03、21-02-01、21-02-03、21-02-05 | （1）能按执行方案要求检查活动现场准备事宜，包括宣传资料的张贴、路标的摆放、物料准备、活动前现场卫生清扫、舞台、背景、音响、人员到位情况等<br>（2）能按执行方案的要求分发当日的活动流程表到参与活动工作的工作人员手中（包括客户方）<br>（3）能按执行方案要求做好现场管理，如物资的流动、人员安排、活动进展等<br>（4）能够及时有效地和客户以及其他工作人员沟通<br>（5）能按执行方案的要求整理会场和物料<br>（6）能恰当地摆放各类促销广告<br>（7）能充分发挥团队合作精神展开工作<br>（8）能进行工作日程安排、查询预约提醒、快速浏览客户数据有效缩短工作时间<br>（9）具有高效快捷的执行力<br>（10）掌握基本的礼仪知识、语言表达能力、归纳概括能力<br>（11）能运用网络或通信设备等方式与客户进行有效沟通<br>（12）能准确、及时地向相关部门人员反馈信息 | 模拟促销推广活动项目客户服务实训，如商业街活动推广、校园内活动推广项目工作过程中客户服务的工作实训 | 30 |
| | | | 合　　计 | | 108 |

注："职业能力"栏目填写的职业能力编码与附录"1. 美术设计与制作专业—广告设计与制作专业职业能力分析表"中的编码对应。

## 八、资源开发与利用

注重多媒体课件、教学视频等常用课程资源和现代化教学资源的开发和利用，这些资源有利于创设形象生动的工作情境，激发学生的学习兴趣，促进学生对知识的理解和掌握。同时，建议加强常用课程资源的开发，建立多媒体课程资源的数据库，努力实现跨学校多媒体资源共享，提高课程资源利用效率。

### （一）教材编写与使用

建议由一线专业教师和行业专家依据本课程标准编写教材。基本要求有以下四个方面：

（1）结合广告设计专业的知识学习和岗位职业能力的培养，依据本课程标准编写教材。

（2）教材注重岗位职业能力培养，以项目驱动任务，结合案例分析平面广告作品的创作、制作，根据学生的认知特点，通过案例分析、模拟训练等项目来编写教材。

（3）教材图文并茂，语言深入浅出。

（4）教材内容与时俱进，引用国内外最新的资源，案例典型，具有可操作性。

### （二）数字化资源开发与利用

（1）积极开发和利用网络课程资源，充分利用诸如电子书籍、电子期刊、数据库、数字图书馆、教育网站和电子论坛等网络信息资源，使教学从单一媒体向多种媒体转变，教学活动从信息的单向传递向双向交换转变，学生从单独学习向合作学习转变。同时应积极创造条件搭建远程教学平台，扩大课程资源的交互空间。

（2）产学合作开发实验实训课程资源，充分利用本行业典型的企业资源，加强产学合作，建立实习实训基地，实践工学交替，满足学生的实习实训需求，同时为学生提供就业机会。

## 九、教学建议

### （一）教学方法

以项目驱动任务，以实际任务为主线展开教学活动。

（1）在教学过程中结合项目实施为主线，通过模拟实际工作场景、模拟项目训练，使学生掌握广告活动中客户服务的方法与技巧。

（2）采用由浅入深、循序渐进的教学模式，让学生在完成项目制作的同时掌握相关知识点，充分体现"做中学、学中做"的职业教学理念。

（3）应用多种教学方法，激发学生的学习兴趣，培养学生独立学习的能力。

## （二）教学条件

（1）提供多媒体课室，结合视频教学媒体授课。

（2）提供实训室。实训场地有教室和实训机房，主要设备包括：配备双核以上中央处理器、内存 2 G、硬盘 120 G 以上的电脑主机，17 英寸显示器，配置网络教学系统，安装有 Photoshop、Illustrator、CorelDRAW、Flash、Dreamweaver、PageMaker 等设计软件。

## 十、教学评价

注重过程考核，采用项目考核与综合考核相结合，项目考核在每个项目完成后进行，综合考核在整个课程结束后进行，主要让学生运用在各个项目中学会的技能进行综合项目的制作。（见表 2 - 30）

表 2 - 30  项目考核

| 项目 | 考核形式 | 考核要求 | 分值 |
| --- | --- | --- | --- |
| 广告设计项目客户服务实训 | 项目活动 | 能有效协调工作关系，准确传达各部门工作的需求；有效进行业务沟通；有效快捷的执行力；对项目活动中的不同意见及合理要求进行妥善解决 | 30 |
| 活动执行项目客户服务实训 | 项目活动 | 能有效协调工作关系，准确传达各部门工作的需求；有效进行业务沟通；有效快捷的执行力；对项目活动中的不同意见及合理要求进行妥善解决 | 30 |
| 设计推广项目客户服务实训 | 项目活动 | 能有效协调工作关系，准确传达各部门工作的需求；有效进行业务沟通；有效快捷的执行力；对项目活动中的不同意见及合理要求进行妥善解决 | 30 |
| 出勤 | — | | 10 |
| 合　　计 | | | 100 |

（撰稿人：蔡　蕾　陈在伟）

# 高职学段：商业摄影课程标准

## 一、课程名称

商业摄影。

## 二、适用专业

本课程既适用于中高职衔接的高职广告设计与制作专业，也适用于高职艺术设计专业。

## 三、课程性质

本课程是高职学段广告设计与制作专业的核心课程之一。课程的任务是使学生理解摄影基础知识，掌握数码摄像机及其附属设备的使用方法，培养学生的摄影构图能力和艺术创作中的镜头感，使学生能针对不同要求对照片和视频进行技术参数的调整，能在广告摄影、新闻摄影、影视拍摄中运用镜头语言，具备从事摄影工作的基本职业能力，为后续的广告设计课程学习奠定良好的基础。

## 四、课程设计

本课程主要培养学生的商业广告摄影的艺术构思、表现及制作能力。

### （一）前后课程的关系

#### 1. 与前置课程的关系

本课程在完成中职学段课程之后开课，学生已经具备了相关基础的广告设计知识和图形图像制作的基本技能，为本课程的设计理论和创意执行的学习奠定了基础。

#### 2. 与后续课程的关系

本课程的后续课程是广告策划与文案等。该课程要求学生掌握广告策划与文案撰写的基础知识及表现方法，包括广告策划书设计、广告策划实施、广告策划效果评估和广告文案的构成、创作的要求、标题的创作、正文的创作、广告语的创作方法等，使学生能够综合运用各种元素和技术进行策划并实施广告策划方案，能够将其应用到实践之中，为具体广告策划工作服务。

### （二）课程设计的思路

本课程以商业摄影的岗位工作内容为主线，侧重广告摄影理论与广告摄影表现的有机结合，通过案例分析讲解、模拟项目来组织教学，引导学生在项目活动中掌握摄影的基础理论和方法，培养学生的商业广告摄影的艺术构思、表现及制作能力。整个课程教学设计由 3 个项目组成，采用由浅入深、循序渐进的教学模式，让学生在完成项目的同时掌握相关的知识点。

## 五、课程教学目标

本课程的教学目标是使学生掌握摄影的基础知识及表现方法，包括商业广告摄影的艺术构思、表现及制作等，培养学生对摄影机及其附属设备的操作使用、摄影画面构图和用光、摄影艺术创作的能力，在商业广告摄影、新闻摄影、专题摄影摄像中能灵活运用镜头语言，使学生能够运用广告摄影理论和广告摄影表现技法为具体广告设计项目服务，并具备从事摄影工作的基本职业能力。

1. 知识目标

（1）熟悉摄影的基础知识。
（2）掌握数码摄像机及其附属设备的使用方法。
（3）掌握摄影画面气氛、画面质感的表现方法。
（4）掌握摄影的构图、用光和拍摄技巧。

2. 能力目标

（1）能熟练使用广告摄影的器材及相关设备、材料。
（2）能结合实际项目完成广告的主题拍摄。
（3）能灵活运用广告摄影的表现方法。
（4）具有广告摄影的艺术构思、表现及制作能力。
（5）能综合运用各种软件完成后期制作以完善广告摄影作品的最终效果。
（6）能正确地使用美术及摄影相关的术语，从观念、创意、制作技巧等方面赏析中外摄影艺术作品。
（7）能通过网络、书籍等方式对新知识、新技术、新标准进行有效的学习。

3. 素质目标

（1）具备自我学习的能力。
（2）具备良好的语言表达能力。
（3）具备沟通及协调的能力。
（4）培养责任心与职业道德素养。
（5）具备开拓创新的能力。

## 六、参考学时与学分

参考学时：72 学时。
参考学分：4 学分。

## 七、课程结构（表2-31）

表2-31　课程结构

| 序号 | 学习任务 | 职业能力 | 知识、技能、态度要求 | 教学活动设计 | 学时 |
|---|---|---|---|---|---|
| 1 | 室内摄影棚商业广告摄影 | 03-02-01、21-02-06、21-02-09、21-05-02、21-05-03、21-05-05、21-05-06、21-06-01~21-06-04、21-07-13 | （1）熟练掌握广告摄影的器材及相关设备<br>（2）了解室内摄影棚用光、布光的技巧<br>（3）掌握摄影各种构图技巧<br>（4）掌握摄影曝光的技巧<br>（5）理解不同题材广告摄影的拍摄特点<br>（6）掌握人像、食品、生活日用品、科技产品等不同题材的拍摄技巧<br>（7）能发现生活中有意义的题材，并用摄影艺术的形式加以记录或表现<br>（8）能利用摄影表现和网络资源，有创意地完成摄影艺术作品，表达自己的情感和思想 | 各类室内题材的拍摄训练，如人像、食品、生活日用品、科技产品等不同题材的拍摄训练 | 36 |
| 2 | 户外商业广告摄影 | 03-02-01、21-02-06、21-02-09、21-05-01~21-05-06、21-07-13、21-11-05、21-11-06 | （1）掌握各种外拍相关设备的使用方法<br>（2）掌握户外摄影的构图、用光和拍摄技巧<br>（3）掌握摄影画面气氛、画面质感的表现方法<br>（4）掌握户外人物、风光、夜景、花卉、旅游、体育等各种专题拍摄的方法<br>（5）能正确地使用美术及摄影相关的术语，从观念、创意、制作技巧等方面赏析中外摄影艺术作品 | 各类户外题材的拍摄训练，如户外人物、风光、夜景、花卉、旅游、体育等各种专题拍摄训练 | 32 |
| 3 | 后期处理与方案制作 | 03-02-01、21-07-09、21-07-13 | （1）掌握Photoshop图像编辑软件的抠图、图像特效处理的方法<br>（2）掌握广告摄影后期多媒体设计与制作的方法<br>（3）掌握专题摄影的创作与制作方法 | 模拟系统商业策划项目 | 4 |
| 合　　计 | | | | | 72 |

注："职业能力"栏目填写的职业能力编码与附录"1. 美术设计与制作专业—广告设计与制作专业职业能力分析表"中的编码对应。

## 八、资源开发与利用

注重多媒体课件、教学视频等常用课程资源和现代化教学资源的开发和利用，这些资源有利于创设形象生动的工作情境，激发学生的学习兴趣，促进学生对知识的理解和掌握。同时，建议加强常用课程资源的开发，建立多媒体课程资源的数据库，努力实现跨学校多媒体资源共享，提高课程资源利用效率。

### （一）教材编写与使用

建议由一线专业教师和行业专家依据本课程标准编写教材。基本要求有以下四个方面：

（1）结合广告设计专业的知识学习和岗位职业能力的培养，依据本课程标准编写教材。

（2）教材注重岗位职业能力培养，以项目驱动任务，以实际任务为引领，结合实际项目和摄影作品的创作、制作为主线，根据学生的认知特点，通过案例分析、模拟训练等项目来编写教材。

（3）教材图文并茂，语言深入浅出。

（4）教材内容与时俱进，引用国内外最新的资源，案例典型，具有可操作性。

### （二）数字化资源开发与利用

（1）积极开发和利用网络课程资源，充分利用诸如电子书籍、电子期刊、数据库、数字图书馆、教育网站和电子论坛等网络信息资源，使教学从单一媒体向多种媒体转变，教学活动从信息的单向传递向双向交换转变，学生从单独学习向合作学习转变。同时应积极创造条件搭建远程教学平台，扩大课程资源的交互空间。

（2）产学合作开发实验实训课程资源，充分利用本行业典型的企业资源，加强产学合作，建立实习实训基地，实践工学交替，满足学生的实习实训需求，同时为学生提供就业机会。

## 九、教学建议

### （一）教学方法

以项目驱动任务，以实际任务为引领展开教学活动过程。

（1）在教学过程中结合实际项目，通过模拟案例分析、模拟训练等项目使学生掌握商业摄影的方法与技巧。

（2）建议以实际项目的商业广告拍摄要求和后期编辑需要的画面素材拍摄的能力训练作为课程训练，在课程训练中同时培养学生的摄影岗位工作操作规范、摄影艺术鉴赏、摄影技术以及协作能力、沟通与表达能力、团队合作能力等职业素养。

（3）建议应用多种教学方法，激发学生的学习兴趣，培养学生独立学习的能力。

## （二）教学条件

使用多媒体课室，结合视频教学媒体授课。

## 十、教学评价

注重过程考核，采用项目考核与综合考核相结合的方式，项目考核在每个项目完成后进行，综合考核在整个课程结束后进行，主要让学生运用在各个项目中学会的技能进行综合项目的制作。（见表 2-32）

表 2-32　项目考核

| 项目 | 考核形式 | 考核要求 | 分值 |
| --- | --- | --- | --- |
| 室内摄影棚商业广告摄影 | 作品 | 作品表现主题突出，具有商业表现力和艺术表现力，合理构图、用光和用色 | 30 |
| 户外商业广告摄影 | 作品 | 作品表现主题突出，具有商业表现力和艺术表现力，合理构图、用光和用色 | 30 |
| 后期处理与方案制作 | 作品 | 作品表现主题突出，具有商业表现力和艺术表现力，合理构图、用光和用色 | 30 |
| 出勤 | — | | 10 |
| 合　计 | | | 100 |

（撰稿人：钟卓丽）

# 高职学段：广告策划与文案课程标准

## 一、课程名称

广告策划与文案。

## 二、适用专业

本课程既适用于中高职衔接的高职广告设计专业，也适用于高职艺术设计专业。

## 三、课程性质

本课程是高职学段广告设计与制作专业的核心课程之一。课程的任务是使学生了解广告策划的专业理论和基础知识，培养学生掌握广告策划和广告文案写作的专业理论及方法，并能够将其应用到实践之中，为具体广告策划工作服务，培养学生从事广告策划的专业技术和职业能力，为后续的广告设计课程学习奠定良好的基础。

## 四、课程设计

本课程主要培养学生的广告策划与文案撰写能力。

### （一）前后课程的关系

**1. 与前置课程的关系**

本课程在学习图形图像制作、商业摄影这两门课程之后开课，学生已经具备了相关的基础广告设计知识和技能，为设计理论和创意执行课程学习奠定了基础。

**2. 与后续课程的关系**

本课程的后续课程是 VI 设计，通过学习 VI 设计使学生掌握 VI 设计的相关知识和技能，能运用品牌意识独立完成 VI 系统设计；掌握 VI 的基础系统、应用系统以及系统地运用 VI 手册的设计技巧，培养正确的企业形象设计理念。

### （二）课程设计的思路

本课程以广告策划的岗位工作内容为主线，通过案例分析讲解、模拟项目来组织教学，引导学生在项目活动中掌握广告策划与文案撰写的基础理论和方法，培养学生广告策划与文案撰写的能力。整个课程教学设计由 3 个项目组成，采用由浅入深、循序渐进的教学模式，让学生在完成项目的同时掌握相关的知识点。

## 五、课程教学目标

本课程的教学目标是使学生掌握广告策划与文案撰写的基础知识及表现方法，包括广告策划书设计、广告策划实施、广告策划效果评估和广告文案的构成创作的要求、标题的创作、正文的创作、广告语的创作方法等；使学生能够综合运用各种元素和技术表现策划并实施广告策划方案，能够将其应用到实践之中，为具体广告策划工作服务。

1. 知识目标

（1）熟悉广告策划与文案撰写的基础知识。

（2）掌握广告策划的设计、实施方法，包括广告策划中所利用的各种手段和技术、资料查询、收集、分析、归类应用、调查问卷的设置、走访调研、完成调研报告书等。

（3）掌握广告文案撰写的方法。

（4）掌握广告策划书撰写的方法。

2. 能力目标

（1）熟悉广告策划的工作流程。

（2）能设计合理的工作计划表。

（3）能撰写广告策划方案及创作广告文案。

（4）能设计及制作项目策划方案的提案。

（5）能通过网络、书籍等方式对新知识、新技术、新标准进行有效的学习。

（6）能综合运用各种元素和表现手法，实施广告策划方案。

3. 素质目标

（1）具备自我学习的能力。

（2）具备良好的语言表达能力。

（3）具备沟通及协调的能力。

（4）培养责任心与职业道德素养。

（5）具备开拓创新的能力。

## 六、参考学时与学分

参考学时：72 学时。

参考学分：4 学分。

## 七、课程结构（见表 2-33）

表 2-33　课程结构

| 序号 | 学习任务 | 职业能力 | 知识、技能、态度要求 | 教学活动设计 | 学时 |
|---|---|---|---|---|---|
| 1 | 广告策划原理 | 09-01-01 | （1）熟悉广告策划的基础知识<br>（2）了解广告战略策划、目标策划、策略策划、广告文案的创意与策划、预算策划、广告媒体策划、广告策划效果评估，理解广告策划在广告活动中的重要性<br>（3）掌握策划方案撰写方法 | 模拟单独策划项目，如校园主题活动项目 | 4 |

续上表

| 序号 | 学习任务 | 职业能力 | 知识、技能、态度要求 | 教学活动设计 | 学时 |
|---|---|---|---|---|---|
| 2 | 广告策划实施 | 01-01、08-01 | 市场调研。<br>(1) 掌握市场调研的基本流程与方法<br>(2) 设计调研计划<br>(3) 设计调研问卷<br>(4) 通过互联网、问卷、面谈、电话等形式进行市场调研<br>(5) 收集、整理调研问卷<br>(6) 分析调研数据<br>(7) 撰写调研报告 | 模拟单独策划项目，如开拓校园超市项目 | 4 |
| | | 13-02、18-03 | 分析设计项目。<br>(1) 了解项目及项目的受众对象<br>(2) 明确项目主题：广告策划的核心策略（目标市场策略、定位策略、广告诉求策略、广告表现策略、广告媒介策略） | 模拟系统商业策划项目 | 20 |
| | | 12-01~12-05 | 项目提案。<br>(1) 提案预约（能将设计样稿交付设计主管审核；预约提案时间、地点、提案方式；确定双方出席提案会的核心人员；确认提案的方式：邮寄作品集、线上展示、客户恳谈会、提案展示，以及包含客户的酒会和邀请函、电子邮件、客户拜访的综合活动等）<br>(2) 设计提案（设计提案的策略、设计提案框架、设计提案的目标等）<br>(3) 制作提案方案（能通过PPT演示文稿，结合动画、视频等方式设计提案；能运用数据分析、信息表格、故事的铺陈展示提案；能根据会场的环境控制标语字号大小；能设计整体结构合理、布局均衡的PPT演示文稿；能提供2～3个可执行性方案）<br>(4) 提案准备（了解提案流程；掌握提案技巧；能做好提案呈现前期工作。如展示文稿的设计、提前的邀请函、电子邮件、客户拜访；能提前了解提案呈现环境的投影面积、座位摆放，话筒音量，准备好笔记本电脑等多媒体设备、名片、打印好的资料等；能准备合适的个人形象）<br>(5) 提案呈现（能迅速分析现场情况，进入提案角色，在提案过程中发现某些问题，能及时调整演示提案及思路；能认真倾听、记录参与提案的企业人员的提问并能引导他们向积极方向思考；能从专业的角度与客户进行项目探讨；给客户讲解设计创意思路，倾听客户的反馈建议；能根据客户反馈的合理意见调整创意方向；能与客户双方达成一致思路，确定创意方向、设计风格，提案定稿；能落实后续工作细节，如调整项目的时间进程表） | 模拟设计商业标识提案 | 8 |

续上表

| 序号 | 学习任务 | 职业能力 | 知识、技能、态度要求 | 教学活动设计 | 学时 |
|---|---|---|---|---|---|
| 3 | 撰写广告策划书 | 09-01-04 | 广告语言的创作及修改。<br>（1）熟悉广告文案的基础知识<br>（2）掌握广告语的写作方法<br>（3）掌握广告标题的写作方法<br>（4）掌握广告正文的写作方法 | 模拟商业海报文案创作 | 20 |
| | | 09-01-01～<br>09-01-03、<br>09-01-05～<br>09-01-07 | 撰写创意策划方案。<br>（1）掌握策划方案的撰写方法<br>（2）能撰写创意策划方案架构<br>（3）能根据项目意向撰写创意策划方案<br>（4）向上级提交创意策划方案申请内部审核<br>（5）聆听上级及各方面人员对创意策划方案的修改意见和要求<br>（6）撰写可操作的创意策划方案 | 模拟商业项目，如新生品牌策划 | 8 |
| | | 09-02 | 制工作表。<br>根据项目要求编制工作计划和时间进度表 | 模拟促销项目 | 4 |
| | | 09-03 | 撰写详细执行方案。<br>（1）能用甘特图表的方式制定以时间安排和节点控制为基础的活动流程表<br>（2）能把活动管理各个区域的工作分解成为一个个易于管理的任务或活动<br>（3）能对每一个任务设置一个时间段（需要考虑的因素是开始和结束的时间）<br>（4）能设定任务的优先顺序<br>（5）能把重要的任务要点指定为节点，并在图表中标记出来<br>（6）能把每一个任务对应参与的工作人员，节点处找第一负责人（含联系电话） | 模拟校园活动执行项目 | 4 |
| 合　　计 | | | | | 72 |

注："职业能力"栏目填写的职业能力编码与附录"1. 美术设计与制作专业—广告设计与制作专业职业能力分析表"中的编码对应。

## 八、资源开发与利用

注重多媒体课件、教学视频等常用课程资源和现代化教学资源的开发和利用,这些资源有利于创设形象生动的工作情境,激发学生的学习兴趣,促进学生对知识的理解和掌握。同时,建议加强常用课程资源的开发,建立多媒体课程资源的数据库,努力实现跨学校多媒体资源共享,提高课程资源利用效率。

### (一)教材编写与使用

建议由一线专业教师和行业专家依据本课程标准编写教材。基本要求有以下四个方面:

(1)结合广告专业的知识学习和岗位职业能力的培养,依据本课程标准编写教材。

(2)教材注重岗位职业能力培养,以项目驱动任务,以实际任务为引领,结合策划方案以平面广告作品的创作、制作为主线,根据学生的认知特点,通过案例分析、模拟训练等项目来编写教材。

(3)教材图文并茂,语言深入浅出。

(4)教材内容与时俱进,引用国内外最新的资源,案例典型,具有可操作性。

### (二)数字化资源开发与利用

(1)积极开发和利用网络课程资源,充分利用诸如电子书籍、电子期刊、数据库、数字图书馆、教育网站和电子论坛等网络信息资源,使教学从单一媒体向多种媒体转变,教学活动从信息的单向传递向双向交换转变,学生从单独学习向合作学习转变。同时应积极创造条件搭建远程教学平台,扩大课程资源的交互空间。

(2)产学合作开发实验实训课程资源,充分利用本行业典型的企业资源,加强产学合作,建立实习实训基地,实践工学交替,满足学生的实习实训需求,同时为学生提供就业机会。

## 九、教学建议

### (一)教学方法

以项目驱动任务,以实际任务为引领展开教学活动过程。

(1)在教学过程中结合实际项目,通过模拟案例分析、模拟训练等项目,使学生掌握广告策划与文案的方法与技巧。

(2)建议学生以小组为单位集体完成小组项目;课堂教学提倡学生交流与互动、团队合作、分享心得、相互促进;应用多种教学方法,激发学生的学习兴趣,培养学生独立学习的能力。

## （二）教学条件

利用多媒体课室，结合视频教学媒体授课进行教学。

## 十、教学评价

注重过程考核，采用项目考核与综合考核相结合的方式，项目考核在每个项目完成后进行，综合考核在整个课程结束后进行，主要让学生运用在各个项目中学会的技能进行综合项目的制作。建议平时成绩占70%，综合考核成绩占30%。（见表3-34）

表3-34　项目考核

| 项目 | 考核形式 | 考核要求 | 分值 |
| --- | --- | --- | --- |
| 广告策划原理 | 广告策划提案PPT汇报 | 熟悉广告策划流程；良好的仪表仪态、准备工作充分、思路清晰，观点明确 | 10 |
| 广告策划实施 | 作品 | 广告策略定位准确；广告作品图形设计有创意、版面设计清晰，具有艺术表现力 | 20 |
| 撰写广告策划书 | PPT汇报 | 广告策划效果评估的内容完整；懂得运用评估方法 | 30 |
| 撰写项目策划书 | 作品 | 符合策划书的格式要求、内容完整；市场调查充分翔实，有数据分析；基于市场调查提出的广告策略可操作、有创意；广告策划的内容真实合理；装帧美观大方、版面工整，文本总体布局合理 | 30 |
| 出勤 | — |  | 10 |
| 合　　计 |  |  | 100 |

（撰稿人：钟卓丽）

# 高职学段：VI 设计课程标准

## 一、课程名称

VI 设计。

## 二、适用专业

本课程既适用于中高职衔接的高职广告设计专业，也适用于高职艺术设计专业。

## 三、课程性质

本课程是高职学段广告设计与制作专业的核心课程之一。课程的任务是使学生理解企业形象设计的基础知识，培养学生独立完成 VI 系统设计创作的能力，为后续的系列广告设计课程学习奠定良好的基础。

## 四、课程设计

本课程主要培养学生独立完成 VI 系统设计创作的能力。

### （一）前后课程的关系

#### 1. 与前置课程的关系

本课程的前置课程是广告策划与文案。该课程主要培养学生的广告策划和广告文案写作专业理论及方法，学生能对市场进行分析认识和对现代广告进行策划、执行，并具有一定广告文案写作能力，为本课程由设计理论到创意执行奠定了基础。

#### 2. 与后续课程的关系

本课程的后续课程是广告设计。学习广告设计课程使学生了解广告设计的专业理论和工作流程，理解广告设计的方法与原则，培养学生成为专业的平面设计人才，能设计不同类型的广告平面作品，掌握从事广告设计职业岗位实际工作的专业技术和职业能力。

### （二）课程设计的思路

本课程以 VI 设计的工作任务流程为主线，通过案例分析讲解、模拟项目来组织教学，引导学生在项目活动中学会设计与制作各类商业 VI，掌握平面 VI 设计流程，培养学生能够独立设计与制作商业 VI 的能力。整个课程教学设计由 3 个项目组成，采用由浅入深、循序渐进的教学模式，让学生在完成项目的同时掌握相关的知识点。

## 五、课程教学目标

本课程的教学目标是使学生掌握 VI 设计的相关知识和技能，使学生能运用品牌意识独立完成 VI 系统设计；掌握 VI 的基础系统、应用系统以及系统地运用 VI 手册的设计技巧，培养正确的企业视觉形象设计理念。

1. 知识目标

（1）熟悉 VI 设计的基础知识。
（2）理解 CIS（Corporate Identity System）战略的基本宗旨。
（3）了解企业形象设计开发的作业程序。
（4）掌握视觉形象识别系统的导入、实施和管理知识。
（5）掌握视觉形象识别系统基础的设计知识。

2. 能力目标

（1）熟悉 VI 设计的实际工作流程。
（2）具备企业形象的识别鉴赏能力。
（3）具备企业 VI 设计的基本要素设计与制作能力。
（4）具备企业 VI 设计的应用要素设计与制作能力。
（5）具有品牌意识。
（6）能通过网络、书籍等方式对新知识、新技术、新标准进行有效的学习。

3. 素质目标

（1）具备自我学习的能力。
（2）具备良好的语言表达能力。
（3）具备沟通及协调的能力。
（4）培养责任心与职业道德素养。

## 六、参考学时与学分

参考学时：64 学时。
参考学分：4 学分。

## 七、课程结构（见表2-35）

表2-35 课程结构

| 序号 | 学习任务 | 职业能力 | 知识、技能、态度要求 | 教学活动设计 | 学时 |
|---|---|---|---|---|---|
| 1 | 基础系统设计 | 08-02-01~<br>08-02-04 | （1）VI设计的基础知识（背景、概念、构成要素）<br>（2）能参加客户部、创意部制作人员的内部讨论会<br>（3）能用图片、口述、手稿相结合的方式进行创意的呈现<br>（4）能进行市场调研<br>（5）能设计工作进度表 | 赏析VI设计作品 | 12 |
|  |  | 08-03-01~<br>08-03-07<br>13-04-01~<br>13-04-05 | （1）标志图形设计<br>（2）能够遵循头脑风暴法的规则，以规定的课题和目标为中心、收集详细的想法，创建表格，为小组研究与解决问题提供建议<br>（3）能以规定的课题和目标为中心发表个人创意，并能用图片、口述、手稿相结合的方式进行创意的呈现<br>（4）在团队主创指导下充分理解项目思路<br>（5）运用手绘草图的方式帮助设计构思、版面规划<br>（6）设计不同编排方法和方案进行小草图的整合（主要表现整体构图效果）<br>（7）讨论或征询其他人对草图的意见（从中选出数张较好的，以此作为进一步参考依据）<br>（8）通过手绘或电脑从小草图中选定2~3份设计正稿草图 | 模拟设计公司项目（商业VI设计） | 12 |
| 2 | 应用系统设计 | 11-01-01~<br>11-01-04 | （1）了解VI手册应用系统的基础知识<br>（2）建立创意想法素材库。包括行业成功案例、整理和收集与创意想法相关意向的图片等<br>（3）能提出搜索设计素材的明确的图片方向<br>（4）通过互联网、书籍等方式准确到位地搜索图<br>（5）根据策划方案的要求手绘创意草图 | 模拟设计公司项目（商业VI设计） | 24 |

续上表

| 序号 | 学习任务 | 职业能力 | 知识、技能、态度要求 | 教学活动设计 | 学时 |
|---|---|---|---|---|---|
| 3 | VI手册设计 | 13－05－01<br>13－05－02 | （1）了解VI手册封面封底设计的基本要求<br>（2）用Photoshop、Illustrator、CorelDRAW等设计软件精确地按输出格式（含出血位）和客户实际尺寸要求设定版面 | 模拟设计公司项目（商业VI设计） | 4 |
| | | 13－06－01～<br>13－06－05 | （1）了解VI手册内页设计的基本要素<br>（2）将采集的各类素材按设计意向进行处理。如抠图、修图、调色等工作<br>（3）依据既定草图和确定的创意概念进行图形创意表现、标题字体创意表现、色彩创意表现、标题字体版式表现 | 模拟设计公司项目（商业VI设计） | 4 |
| | | 13－07－04～<br>13－07－07 | （1）针对项目形象以及美术设计进行创作、执行，并按时依序完成项目<br>（2）总体规划印刷品的结构框架。如页码规格的设定，内容章节划分，图片表格的分配，装订方式，印刷后期主要工艺等因素<br>（3）用电脑按照草图的版面规划将已处理好的图像、图形、文字以最佳的草图方案排版<br>（4）根据自身的专业特点、设计步骤等进行各个阶段或环节的自检。检查项目包括：尺寸、版面元素位置、图片分辨率、文字内容、色彩模式是否正确等<br>（5）完成初稿设计后，向上级提交审核；设计立体展示效果图 | 模拟设计公司项目（商业VI设计） | 4 |
| | | 13－08 | 根据客户意见修改稿件：<br>（1）通过QQ、邮箱等方式发送设计小样给客户审核确认<br>（2）联系客户，认真听取客户提出的修改意见<br>（3）接受客户反馈信息并进行修改，完成最终设计稿<br>（4）向上级或内部提交设计稿进行审核，确认修改方案<br>（5）给客户发送已修改的样稿，并与客户确认设计方案 | 模拟设计公司项目（商业VI设计） | 4 |
| 合　　计 | | | | | 64 |

注："职业能力"栏目填写的职业能力编码与附录"1. 美术设计与制作专业—广告设计与制作专业职业能力分析表"中的编码对应。

## 八、资源开发与利用

注重多媒体课件、教学视频等常用课程资源和现代化教学资源的开发和利用,这些资源有利于创设形象生动的工作情境,激发学生的学习兴趣,促进学生对知识的理解和掌握。同时,建议加强常用课程资源的开发,建立多媒体课程资源的数据库,努力实现跨学校多媒体资源共享,提高课程资源利用效率。

(一)教材编写与使用

建议由一线专业教师和行业专家依据本课程标准编写教材。基本要求有以下四个方面:

(1)结合VI设计专业的知识学习和岗位职业能力的培养,依据本课程标准编写教材。

(2)教材注重岗位职业能力培养,以项目驱动任务,以实际任务为引领,结合策划方案以平面VI设计作品的创作、制作为主线,根据学生的认知特点,通过案例分析、模拟训练等项目来编写教材。

(3)教材图文并茂,语言深入浅出。

(4)教材内容与时俱进,引用国内外最新的资源,案例典型,具有可操作性。

(二)数字化资源开发与利用

(1)积极开发和利用网络课程资源,充分利用诸如电子书籍、电子期刊、数据库、数字图书馆、教育网站和电子论坛等网络信息资源,使教学从单一媒体向多种媒体转变,教学活动从信息的单向传递向双向交换转变,学生从单独学习向合作学习转变。同时应积极创造条件搭建远程教学平台,扩大课程资源的交互空间。

(2)产学合作开发实验实训课程资源,充分利用本行业典型的企业资源,加强产学合作,建立实习实训基地,实践工学交替,满足学生的实习实训需求,同时为学生提供就业机会。

## 九、教学建议

(一)教学方法

以项目驱动任务,以实际任务为引领展开教学活动过程。

(1)在教学过程中结合项目的策划方案,以平面VI设计作品的创作、制作为主线,通过模拟案例分析、模拟训练等项目,使学生掌握VI设计的方法与技巧。

(2)采用由浅入深、循序渐进的教学模式,让学生在完成项目制作的同时掌握相关的知识点,充分体现"做中学、学中做"的职业教学理念。

(3)应用多种教学方法,激发学生的学习兴趣,培养学生独立学习的能力。

## （二）教学条件

（1）提供多媒体课室，结合视频教学媒体授课。

（2）提供实训室。实训场地有教室和实训机房，主要设备包括：配备双核以上中央处理器、内存 2 G、硬盘 120 G 以上的电脑主机，17 英寸显示器，配置网络教学系统，安装有 Photoshop、Illustrator、CorelDRAW、Flash、Dreamweaver、PageMaker 等设计软件。

## 十、教学评价

注重过程考核，采用项目考核与综合考核相结合的方式，项目考核在每个项目完成后进行，综合考核在整个课程结束后进行，主要让学生运用在各个项目中学会的技能进行综合项目的制作。（见表 2 – 36）

表 2 – 36　项目考核

| 项目 | 考核形式 | 考核要求 | 分值 |
| --- | --- | --- | --- |
| 基础系统设计 | 作品 | 作品表现主题突出，具有商业表现力和艺术表现力 | 30 |
| 应用系统设计 | 模拟项目 | 作品表现主题突出，具有商业表现力和艺术表现力 | 30 |
| VI 手册设计 | 作品 | 将排版后的成品按照印刷工艺要求输出。如规范标明材料、工艺、规格、出血位等；印刷成品验收需根据设计项目要求确认印刷工艺及效果；打印样稿 | 30 |
| 出勤 |  |  | 10 |
| 合　　计 |  |  | 100 |

（撰稿人：廖荣盛　王大勇）

# 高职学段：广告设计课程标准

## 一、课程名称

广告设计。

## 二、适用专业

本课程既适用于中高职衔接的高职广告设计与制作专业，也适用于高职艺术设计专业。

## 三、课程性质

本课程是高职学段广告设计与制作专业的核心课程之一。课程的任务是使学生了解广告设计的专业理论和工作流程，理解广告设计的方法与原则，培养学生成为专业的平面设计人才，能设计不同类型的广告平面作品，掌握从事广告设计职业岗位实际工作的专业技术和职业能力，为后续的系列广告设计课程学习奠定良好的基础。

## 四、课程设计

本课程主要培养学生的广告设计与制作能力。

### （一）前后课程的关系

#### 1. 与前置课程的关系

本课程的前置课程是 VI 设计。学习 VI 设计课程使学生掌握 VI 设计的相关知识和技能，使学生能运用品牌意识独立完成 VI 系统设计；掌握 VI 的基础系统及应用系统，并能系统地运用 VI 手册的设计技巧，培养正确的企业形象设计理念。

#### 2. 与后续课程的关系

本课程的后续课程是宣传品设计（含印刷）。学习宣传品设计课程培养学生掌握宣传品设计的基础知识及宣传品的创作方法，使学生能够理解宣传品设计的方法与原则，根据不同的客户要求，设计符合要求的宣传品及物料制作。培养学生的创造性思维方式和对形式美法则的运用能力，从而适应岗位需求。

### （二）课程设计的思路

本课程以广告设计的岗位工作任务流程为主线，通过案例分析讲解、模拟项目来组织教学，引导学生在项目活动中学会设计与制作各类商业广告，掌握平面广告设计流程，培养学生能够独立设计与制作商业广告的能力。整个课程教学设计由 7 个项目组成，采用由浅入深、循序渐进的教学模式，让学生在完成项目的同时掌握相关的知识点。

## 五、课程教学目标

本课程的教学目标是使学生掌握平面广告设计的基础知识及广告作品的创作方法，包括广告的图形、色彩、文案及编排设计的合理性等；使学生能够结合其他课程以及在生活中所获得的知识，在广告作品的创作、展示中，能够准确地表达广告的主题思想，按要求完成广告设计作品；培养正确的设计理念、设计方法，在引导学生学习各类设计风格的同时促进学生设计个性的发展。

1. 知识目标

（1）熟悉平面广告设计的基础知识。

（2）掌握广告作品的创作方法。

（3）了解广告设计专业的相关专业术语。

（4）了解基本印刷知识。

2. 能力目标

（1）熟悉公司工作流程，能正确填写任务单。

（2）熟悉头脑风暴法的规则，并能运用手绘草图的方式帮助构思、版面规划。

（3）能选择恰当的创意设计手法按要求完成创意方案。

（4）能准确理解项目策略和风格定位，并能准确地将其转化为平面设计作品。

（5）能完成广告活动的项目分析、业务沟通、设计初稿、创意执行、作品后期制作、资料归档、活动执行、设计推广等环节。

（6）能通过网络、书籍等方式对新知识、新技术、新标准进行有效的学习。

3. 素质目标

（1）具备自我学习的能力。

（2）具备良好的语言表达能力。

（3）具备沟通与协调的能力。

（4）具备责任心与职业道德素养。

## 六、参考学时与学分

参考学时：108 学时。

参考学分：6 学分。

## 七、课程结构（见表2-37）

表2-37　课程结构

| 序号 | 学习任务 | 职业能力 | 知识、技能、态度要求 | 教学活动设计 | 学时 |
|---|---|---|---|---|---|
| 1 | 项目分析 | 08-02 | 客情分析：<br>（1）用表格、文档或PPT形式汇总分析结论<br>（2）参加客户部、创意部制作人员的内部讨论会<br>（3）能用图片、口述、手稿相结合的方式进行创意的呈现<br>（4）了解报纸广告的基础知识<br>（5）掌握报纸广告的设计方法 | 模拟设计公司项目，如报纸广告设计 | 6 |
| | | 08-01、08-03 | 创意分析：<br>（1）能够遵循头脑风暴法的规则，以规定的课题和目标为中心、绘制详细的想法表格，为小组研究与解决问题提供建议<br>（2）能以规定的课题和目标为中心发表个人创意，并能用图片、口述、手稿相结合的方式进行创意的呈现<br>（3）了解各种广告的基础知识<br>（4）掌握杂志广告的设计方法 | 模拟设计公司项目，如杂志广告设计 | 6 |
| 2 | 业务沟通 | 10-01 | 领取设计任务：<br>（1）熟悉公司工作流程，能正确填写任务单<br>（2）能按流程接收客服部、部门主管、领导直接下达的工作任务<br>（3）接收主管部门提供的客户资料<br>（4）正确保存该客户的项目负责人联系方式。如单位名称和地址、手机号码、QQ号、邮箱等<br>（5）能根据优先级别安排设计工作<br>（6）了解户外广告设计的基础知识<br>（7）掌握户外招贴广告的方法与技巧 | 模拟设计公司项目，如户外广告牌广告设计 | 6 |

续上表

| 序号 | 学习任务 | 职业能力 | 知识、技能、态度要求 | 教学活动设计 | 学时 |
|---|---|---|---|---|---|
| 2 | 业务沟通 | 10-02、10-03 | 分析设计任务：<br>（1）阅读任务单，明确工作任务及要求<br>（2）确认设计时间及作品设计顺序和完稿时间<br>（3）分析客户提供信息，检查资料是否齐全<br>（4）分析客户直接诉求，如性格、喜好、忌讳等因素，作为设计过程中的参考依据<br>（5）了解户外广告的材料、规格、工艺等基础知识 | 模拟设计公司项目，如户外灯箱广告设计 | 6 |
| | | | 核对资料：<br>（1）通过电话、邮箱、QQ等方式和客户沟通，保存沟通记录<br>（2）与客户的项目负责人确认客户资料（是否齐全，是否有误，是否需要更新与补充）<br>（3）能在客户提出与工作单内容不相符的设计要求时及时向上级部门反馈<br>（4）了解户外展板的材料、大小与样式 | 模拟设计公司项目，如户外展会广告设计 | 6 |
| 3 | 设计初稿 | 11-01-01～11-01-04 | 设计构思：<br>（1）建立创意想法素材库。包括行业成功案例、整理与收集创意想法相关的意向图片等<br>（2）能提出搜索设计素材的明确的图片意向<br>（3）通过互联网、书籍等方式准确、到位地搜索图片<br>（4）根据策划方案的要求手绘表现创意草图<br>（5）了解网络广告的基础知识<br>（6）掌握网络广告设计的方法 | 模拟设计公司项目，如网络广告设计 | 6 |

续上表

| 序号 | 学习任务 | 职业能力 | 知识、技能、态度要求 | 教学活动设计 | 学时 |
|---|---|---|---|---|---|
| 3 | 设计初稿 | 11－02 | 电脑制作：<br>（1）能对图片进行必要的调整（如扫描、抠图、修图、调色等工作，严格按照设计标准完成任务）<br>（2）能用 Photoshop、Illustrator、CorelDRAW 等设计软件按客户实际尺寸要求设定版面<br>（3）能准确地将文案、图片等资料导入设计页面（预留出血位）<br>（4）能对策划部提供的有关资料和意见加以分析，依照广告策划的要求，结合消费者的心态，完成创意方案<br>（5）能设计1~2份版式设计样稿<br>（6）参与小组成员讨论会，汇集初稿，并开会讨论设计方案 | 模拟设计公司项目（商业海报设计） | 6 |
| 4 | 创意执行 | 13－02 | 分析设计项目：<br>（1）了解项目及项目的受众对象<br>（2）明确项目主题<br>（3）了解新媒体广告设计的基础知识 | 模拟设计公司项目（商业海报设计） | 6 |
| | | 13－03 | 准备设计资料：<br>（1）分析、归类客户提供的素材<br>（2）通过互联网、照相机、扫描仪等方式采集与主题创作有关的图像素材<br>（3）通过手绘、雕刻、编制等手段制作设计素材 | 模拟设计公司项目（商业海报设计） | 6 |
| | | 13－04 | 设计草图：<br>（1）在团队主创指导下充分理解项目思路<br>（2）运用手绘草图的方式帮助构思、版面规划<br>（3）按不同编排方法和方案进行整合小草图（主要表现整体构图效果）<br>（4）讨论或征询同事对草图的意见（从中选出数张较好的，以此作为进一步修改的依据）<br>（5）从手绘或电脑设计的小草图中选定2~3份设计正稿草图<br>（6）掌握新媒体广告设计的方法 | 模拟设计公司项目，如新媒体广告设计 | 6 |

续上表

| 序号 | 学习任务 | 职业能力 | 知识、技能、态度要求 | 教学活动设计 | 学时 |
|---|---|---|---|---|---|
| 4 | 创意执行 | 13-05 | 素材导入：<br>（1）用 Photoshop、Illustrator、CorelDRAW 等设计软件精确地按输出格式（含出血位）及客户实际尺寸要求设定版面<br>（2）将客户提供的文案、图片等资料导入设计页面<br>（3）能设计新媒体广告 | 模拟设计公司项目（商业海报设计） | 6 |
| | | 13-06 | 素材处理：<br>（1）将采集的各类素材按设计意向进行处理。如抠图、修图、调色等工作<br>（2）依据既定草图和明确的创意概念进行图形创意表现、标题字体创意表现、色彩创意表现、标题字体版式表现<br>（3）了解促销广告的基础知识<br>（4）掌握促销广告的设计方法 | 模拟设计公司项目，如商业海报设计、促销广告设计等 | 6 |
| | | 13-07 | 设计表现：<br>（1）针对项目形象以及美术设计进行创作执行并按时依序完成<br>（2）总体规划印刷品的结构框架。如页码规格的设定，内容章节划分，图片表格的分配，装订方式，印刷后期主要工艺等因素<br>（3）用电脑按照草图的版面规划将已处理好的图像、图形、文字按照最佳的草图方案进行排版<br>（4）根据自身的专业特点、设计步骤等进行各个阶段或环节的自检。检查项目包括尺寸、版面元素位置、图形分辨率、文字内容、色彩配置是否正确等<br>（5）完成初稿设计并向上级提交审核，设计立体展示效果图 | 模拟设计公司项目，如商业海报设计、促销广告设计等 | 12 |

续上表

| 序号 | 学习任务 | 职业能力 | 知识、技能、态度要求 | 教学活动设计 | 学时 |
|---|---|---|---|---|---|
| 4 | 创意执行 | 13-08 | 根据客户意见修改稿件：<br>（1）通过QQ、邮箱等方式发送设计小样给客户审核确认<br>（2）联系客户，认真听取客户提出的修改意见<br>（3）接受客户反馈信息并进行修改完成最终设计稿<br>（4）向上级或内部提交设计稿进行审核，确认修改方案<br>（5）给客户发送修改后的样稿并与客户确认设计方案 | 模拟设计公司项目，如商业海报设计、促销广告设计等 | 6 |
| 5 | 作品后期制作 | 14-01、14-02-01~14-02-04、15-01-01~15-01-03 | （1）打印小稿（黑白稿或彩色稿）<br>（2）提交样稿给客户进行校对<br>（3）根据校对意见，修改印品设计<br>（4）将排版的结果按照印刷工艺要求输出成品<br>（5）校对样稿。如尺寸、版面元素位置、图形分辨率、文字内容、色彩搭配是否合理；版面参考线，如书脊、折线、轮廓线等是否齐全<br>（6）再次调整样稿，交给客户核对、修改直至定稿<br>（7）再次向上级或内部审核部门提交样稿，并确认修改方案<br>（8）定稿后打印完整的成品小样作为最终稿，交付客户签字，同时确认设计制作数量及具体要求<br>（9）整理完稿后的工作卡，含完整的资料（如尺寸、颜色、文案及文件形式等）<br>（10）退还客户所提供的纸质文件及照片等素材，并签字确认<br>（11）电子文件刻盘，包含链接文件、素材等电子资料，提供印前客户签字稿、印刷成品及客户相关资料 | 模拟设计公司项目，如商业海报设计及制作 | 6 |

续上表

| 序号 | 学习任务 | 职业能力 | 知识、技能、态度要求 | 教学活动设计 | 学时 |
|---|---|---|---|---|---|
| 6 | 活动执行 | 16－05 | 能按执行方案的要求及时跟踪活动宣传资料的设计与制作流程。如邀请函和节目单、背景海报、展板等 | 小型作品展 | 6 |
| 7 | 设计推广 | 17－01、17－02－02、17－02－03、17－02－05 | （1）利用色彩配搭原理有效激发消费者强烈的购买欲<br>（2）能用文字、图形、色彩有效表达设计卖点<br>（3）设计平面布置图；利用色彩等元素来吸引欣赏者的眼球<br>（4）用软件设计制作鸟瞰的立体场景展示图<br>（5）了解不同主题的促销广告相关知识<br>（6）掌握设计推广的基本方法 | 小型作品展 | 6 |
| 合　　计 | | | | | 108 |

注："职业能力"栏目填写的职业能力编码与附录"1. 美术设计与制作专业—广告设计与制作专业职业能力分析表"中的编码对应。

## 八、资源开发与利用

注重多媒体课件、教学视频等常用课程资源和现代化教学资源的开发和利用，这些资源有利于创设形象生动的工作情境，激发学生的学习兴趣，促进学生对知识的理解和掌握。同时，建议加强常用课程资源的开发，建立多媒体课程资源的数据库，努力实现跨学校多媒体资源共享，提高课程资源利用效率。

### （一）教材编写与使用

建议由一线专业教师和行业专家依据本课程标准编写教材。基本要求有以下四个方面：

（1）结合广告设计专业的知识学习和岗位职业能力的培养，依据本课程标准编写教材。

（2）教材注重岗位职业能力培养，以项目驱动任务，以实际任务为引领，结合策划方案以平面广告作品的创作、制作为主线，根据学生的认知特点，通过案例分析、模拟训练等项目来编写教材。

（3）教材图文并茂，语言深入浅出。

（4）教材内容与时俱进，引用国内外最新的资源，案例典型，具有可操作性。

## （二）数字化资源开发与利用

（1）积极开发和利用网络课程资源，充分利用诸如电子书籍、电子期刊、数据库、数字图书馆、教育网站和电子论坛等网络信息资源，使教学从单一媒体向多种媒体转变，教学活动从信息的单向传递向双向交换转变，学生从单独学习向合作学习转变。同时应积极创造条件搭建远程教学平台，扩大课程资源的交互空间。

（2）产学合作开发实验实训课程资源，充分利用本行业典型的企业资源，加强产学合作，建立实习实训基地，实践工学交替，满足学生的实习实训需求，同时为学生创造就业机会。

## 九、教学建议

### （一）教学方法

以项目驱动任务，以实际任务为引领展开教学活动过程。

（1）在教学过程中结合项目的策划方案，以平面广告作品的创作、制作为主线，通过模拟案例分析、模拟训练等项目，使学生掌握广告设计的方法与技巧。

（2）采用由浅入深、循序渐进的教学模式，让学生在完成项目制作的同时掌握相关的知识点，充分体现"做中学、学中做"的职业教学理念。

（3）应用多种教学方法，激发学生的学习兴趣，培养学生独立学习的能力。

### （二）教学条件

（1）提供多媒体课室，结合视频教学媒体授课。

（2）提供实训室。实训场地有教室和实训机房，主要设备包括：配备双核以上中央处理器、内存2G、硬盘120G以上的电脑主机，17英寸显示器，配置网络教学系统，安装有Photoshop、Illustrator、CorelDRAW、Flash、Dreamweaver、PageMaker等设计软件。

## 十、教学评价

注重过程考核，采用项目考核与综合考核相结合的方式，项目考核在每个项目完成后进行，综合考核在整个课程结束后进行，主要让学生运用在各个项目中学会的技能进行综合项目的制作。（见表2-38）

表2-38 项目考核

| 项目 | 考核形式 | 考核要求 | 分值 |
| --- | --- | --- | --- |
| 项目分析 | 作品 | 能用图片、口述、手稿相结合的方式进行创意的呈现 | 10 |
| 业务沟通 | 模拟项目 | 与团队、客户进行有效的业务沟通 | 10 |

续上表

| 项目 | 考核形式 | 考核要求 | 分值 |
|---|---|---|---|
| 设计初稿 | 作品 | 能根据策划方案的要求手绘表现创意草图并设计1~2份版式设计样稿 | 20 |
| 创意执行 | 作品 | 依据创意概念进行图形、文字、色彩创意表现，并完成广告作品；作品表现主题突出，具有商业表现力和艺术表现力 | 20 |
| 作品后期制作 | 作品 | 将排版的结果按照印刷工艺要求输出。如规范标明材料、工艺、规格、出血位等；印刷成品验收，根据设计项目要求确认印刷工艺及效果；打印样稿 | 10 |
| 活动执行 | 作品 | 参加小型作品展；作品主题突出，作品具有商业表现力和艺术表现力；作品资料归档完整 | 10 |
| 设计推广 | 作品 | 作品主题突出，作品具有商业表现力和艺术表现力；作品资料归档完整 | 10 |
| 出勤 | — | | 10 |
| 合　计 | | | 100 |

（撰稿人：钟卓丽）

# 高职学段：宣传品设计（含印刷）课程标准

## 一、课程名称

宣传品设计（含印刷）。

## 二、适用专业

本课程既适用于中高职衔接的高职广告设计与制作专业，也适用于高职艺术设计专业。

## 三、课程性质

本课程是高职学段广告设计与制作专业的核心课程之一。课程的任务是使学生了解宣传品设计的专业理论和工作流程，理解宣传品设计的方法与原则，能根据不同的客户需求，设计符合要求的宣传品及物料制作。培养学生成为专业的平面设计人才，掌握从事广告设计职业岗位实际工作的专业技术和职业能力，为后续的系列广告设计课程学习奠定良好的基础。

## 四、课程设计

本课程主要培养学生的宣传品设计与制作的能力。

### （一）前后课程的联系

#### 1. 与前置课程的关系

本课程的前置课程是广告。该课程主要培养学生掌握广告设计的专业理论及工作流程，使学生能够结合其他课程以及在商业活动中所获得的知识，在广告设计过程中，能够准确、有效地完成广告设计的相关工作；培养正确的理念、方法，在引导学生学习各种工作思路与技法的同时促进学生设计个性的发展。

#### 2. 与后续课程的关系

本课程的后续课程是 UI 设计。该课程主要使学生掌握 UI 设计的基础知识及创作方法，包括界面设计内容策划、互动界面设计、界面视觉形象设计等知识内容，通过独立完成界面设计项目，使学生能够理解并接受"互联网＋"的时代背景，紧跟时代需求的实用设计理念，熟悉用户界面设计流程，并能够通过市场调研和用户需求分析，挖掘用户需求，将情感化设计和人机互动行为设计融入互动类产品的界面设计之中，具备用视觉化语言和动态化展现形式将设计概念或创意表现出来的能力。

（二）课程设计的思路

本课程以宣传品设计的岗位工作任务流程分工为主线，通过案例分析讲解、模拟项目来组织教学，引导学生在项目活动中学会设计与制作各类商业宣传资料，掌握宣传品设计整个流程，培养学生独立设计与制作宣传品的能力。整个课程教学设计由3个项目组成，采用由浅入深、循序渐进的教学模式，让学生在完成项目的同时掌握相关的知识点。

## 五、课程教学目标

本课程的教学目标是使学生掌握宣传品设计的基础知识及创作方法，包括宣传品设计的前期策划，企业文化信息相关的广告图形、色彩、文案及编排设计的合理性运用等，使学生能够结合其他课程以及在生活中所获得的知识，在宣传品的创作中，准确地表达企业宣传的主题思想，完成企业宣传的目的，培养正确的设计理念、设计方法，在引导学生学习各类设计风格的同时促进学生设计个性的发展。

1. 知识目标

（1）理解宣传品设计的基础知识。
（2）掌握宣传品设计的设计方法。
（3）了解宣传品设计专业相关专业术语。
（4）了解基本的印刷知识。

2. 能力目标

（1）熟悉公司工作流程，能正确填写任务单。
（2）熟悉头脑风暴法的规则，并能运用手绘草图的方式帮助构思、版面规划。
（3）能选择恰当的创意设计手法完成创意方案。
（4）能准确理解项目策略和风格定位并体现在平面效果图中。
（5）能完成宣传品设计的项目分析、业务沟通、设计初稿、创意执行、作品后期制作、资料归档等环节。
（6）能通过网络、书籍等方式对新知识、新技术、新标准进行有效的学习。

3. 素质目标

（1）具备自我学习的能力。
（2）具备良好的语言表达能力。
（3）具备沟通及协调的能力。
（4）具备责任心与职业道德素养。

## 六、参考学时与学分

参考学时：72学时。
参考学分：4学分。

## 七、课程结构（见表2-39）

表2-39 宣传品设计（含印刷）课程结构

| 序号 | 学习任务 | 职业能力 | 知识、技能、态度要求 | 教学活动设计 | 学时 |
|---|---|---|---|---|---|
| 1 | 设计宣传单 | 10-01-01～<br>10-01-03、<br>11-01-04、<br>11-02-01～<br>11-02-07、<br>13-03-01 | 设计单面宣传单：<br>（1）熟悉宣传单的基础知识<br>（2）掌握宣传单张的设计方法与原则<br>（3）熟悉广告宣传单页面设计步骤<br>（4）认识宣传单常用纸张种类与开本大小的区别<br>（5）能对宣传单的图片进行必要的调整（如扫描、抠图、修图、调色等工作，严格按照设计标准完成任务）<br>（6）能完成单面宣传单设计的项目分析、业务沟通、设计初稿、创意执行、作品后期制作、资料归档等环节 | 单面宣传单设计，如产品促销宣传单设计 | 8 |
| | | 13-02-01、<br>13-02-02、<br>13-03-01～<br>13-03-03、<br>13-04-01～<br>13-04-05、<br>13-06-01～<br>13-06-05、<br>13-07-01～<br>13-07-07、<br>13-08-01～<br>13-08-05 | 设计双面宣传单：<br>（1）掌握双面宣传单的设计方法与原则<br>（2）能分析直接客户（合同甲方）的宣传单设计的直接诉求，如设计要求（印品规格及主要工艺），考虑其性格、喜好、忌讳等因素，作为设计过程中的参考依据<br>（3）熟悉双面宣传单的设计步骤<br>（4）能运用手绘草图的方式构思宣传单主题、版面规划，并依据既定草图和确定的创意概念运用设计软件设计双面宣传单<br>（5）熟悉公司工作流程，能正确填写任务单<br>（6）能完成双面宣传单设计的项目分析、业务沟通、设计初稿、创意执行、作品后期制作、资料归档等环节 | 双面宣传单设计，如培训单位招聘宣传单设计 | 8 |

续上表

| 序号 | 学习任务 | 职业能力 | 知识、技能、态度要求 | 教学活动设计 | 学时 |
|---|---|---|---|---|---|
| 1 | 设计宣传单 | 10-01-01~<br>10-01-03、<br>13-04-02 | 设计宣传折页：<br>（1）熟悉宣传折页的基础知识（纸张、开本、折叠方式）<br>（2）掌握宣传折页的纸张折叠样式与方法<br>（3）能运用手绘草图的方式帮助构思、版面规划<br>（4）掌握不同类型宣传折页的设计技巧<br>（5）能完成宣传折页设计的项目分析、业务沟通、设计初稿、创意执行、作品后期制作、资料归档等环节 | 宣传折页设计，如展会宣传折页设计 | 16 |
| 2 | 设计画册 | 11-01、<br>21-11-01~<br>21-11-20 | 企业画册设计：<br>（1）熟悉画册设计的基础知识及画册版式设计的基本常识<br>（2）熟悉画册设计流程<br>（3）掌握画册设计方法与原则<br>（4）企业形象画册的设计通常要体现企业的企业精神、企业文化、企业发展定位、企业性质等，重点是以形象为主，产品为辅，先确定创意定位，设计风格及行业定位等，再采用版面设计、图片选取、摄影等手段来塑造企业的整体形象<br>（5）掌握画册设计报价的方法<br>（6）能完成企业形象画册设计的项目分析、业务沟通、设计初稿、创意执行、作品后期制作、资料归档等环节 | 企业画册设计，如华为企业的企业形象画册设计 | 16 |

续上表

| 序号 | 学习任务 | 职业能力 | 知识、技能、态度要求 | 教学活动设计 | 学时 |
|---|---|---|---|---|---|
| 2 | 设计画册 | 11-02、21-11 | 产品画册设计：<br>（1）掌握企业产品画册设计的方法与原则<br>（2）熟悉各类产品画册的设计风格，并能从企业的行业定位和产品的特点来确定产品画册的风格定位<br>（3）能系统分析画册内容（如文字、图片等材料）并合理安排每页内容及章节<br>（4）能依照产品画册要求，配合消费者的心态和产品或企业特点，完成产品画册设计<br>（5）能完成产品画册设计的项目分析、业务沟通、设计初稿、创意执行、作品后期制作、资料归档等环节 | 产品画册设计，如美的空调产品画册设计 | 12 |
| | | 13-04 | 电子画册设计：<br>（1）掌握电子画册的设计方法与原则<br>（2）能根据电子画册的要求准备融入电子画册的图像、文字、音频、视频、游戏等动静态的素材<br>（3）能用手绘草图的方式帮助构思、版面规划<br>（4）能完成电子画册设计的项目分析、业务沟通、设计初稿、创意执行、作品后期制作、资料归档等环节 | 电子画册设计，如服饰企业的冬季系列服装画册设计 | 8 |
| 3 | 作品后期制作 | 14-01～14-04 | （1）熟悉印刷基础知识<br>（2）打印宣传品的小稿（黑白稿或彩色稿）<br>（3）根据校对意见，修改宣传小稿<br>（4）将宣传品排版的结果按照印刷工艺要求输出。如规范标明材料、工艺、规格、出血位等<br>（5）能完成宣传设计的作品后期制作、资料归档等环节 | 打印宣传品，如宣传单张、折页、画册作品 | 4 |
| | | | 合　计 | | 72 |

注："职业能力"栏目填写的职业能力编码与附录"1. 美术设计与制作专业—广告设计与制作专业职业能力分析表"中的编码对应。

## 八、资源开发与利用

注重多媒体课件、教学视频等常用课程资源和现代化教学资源的开发和利用,这些资源有利于创设真实的工作情境,激发学生的学习兴趣,促进学生对知识的理解和掌握。同时,建议加强常用课程资源的开发,建立多媒体课程资源的数据库,努力实现跨学校多媒体资源共享,提高课程资源利用效率。

### (一)教材编写与使用

建议由一线专业教师和行业专家依据本课程标准编写教材。基本要求有以下四个方面:

(1) 结合广告设计专业的知识学习和岗位职业能力的培养,依据本课程标准编写教材。

(2) 教材注重岗位职业能力培养,以项目驱动任务,以实际任务为引领,结合策划方案以宣传品的创作、制作为主线,根据学生的认知特点,通过案例分析、模拟训练等项目来编写教材。

(3) 教材图文并茂,语言深入浅出。

(4) 教材内容与时俱进,引用国内外最新的资源,案例典型,具有可操作性。

### (二)数字化资源开发与利用

(1) 积极开发和利用网络课程资源,充分利用诸如电子书籍、电子期刊、数据库、数字图书馆、教育网站和电子论坛等网络信息资源,使教学从单一媒体向多种媒体转变,教学活动从信息的单向传递向双向交换转变,学生从单独学习向合作学习转变。同时应积极创造条件搭建远程教学平台,扩大课程资源的交互空间。

(2) 产学合作开发实验实训课程资源,充分利用本行业典型的企业资源,加强产学合作,建立实习实训基地,实践工学交替,满足学生的实习实训需求,同时为学生提供就业机会。

## 九、教学建议

### (一)教学方法

以项目驱动任务,以岗位实际工作内容为主线展开教学活动过程。

(1) 在教学过程中结合项目的策划方案,以宣传品的创作、制作为主线,通过模拟案例分析、模拟训练等项目,使学生掌握宣传品设计的方法与技巧。

(2) 采用由浅入深、循序渐进的教学模式,让学生在完成项目制作的同时掌握相关的知识点,充分体现了在"做中学、学中做"的职业教学理念。

(3) 应用多种教学方法,激发学生的学习兴趣,培养学生独立学习的能力。

## （二）教学条件

（1）提供多媒体课室，结合视频教学媒体授课。

（2）提供实训室。实训场地有教室和实训机房，主要设备包括：配备双核以上中央处理器、内存 2 G、硬盘 120 G 以上的电脑主机，17 英寸显示器，配置网络教学系统，安装有 Photoshop、Illustrator、InDesign 等设计软件。

## 十、教学评价

注重过程考核，采用项目考核与综合考核相结合的方式，项目考核在每个项目完成后进行，综合考核是整个课程结束后进行，主要让学生运用在各个项目中学会的技能进行综合项目的制作。（见表 2-40）

表 2-40 项目考核

| 项目 | 考核形式 | 考核要求 | 分值 |
| --- | --- | --- | --- |
| 设计宣传单 | 作品 | 依据创意概念进行图形、文字、色彩、版式的创意表现，并完成作品；作品表现主题突出、传递信息完整，具有商业表现力和艺术表现力 | 40 |
| 设计画册 | 作品 | 依据创意概念进行图形、文字、色彩、版式的创意表现，并完成作品；作品表现主题突出、传递信息完整，具有商业表现力和艺术表现力 | 40 |
| 作品后期制作 | 作品 | 将排版后的成品按照印刷工艺要求输出。如规范标明材料、工艺、规格、出血位等；印刷成品验收，根据设计项目要求确认印刷工艺及效果；打印样稿 | 10 |
| 出勤 | — | | 10 |
| 合　　计 | | | 100 |

（撰稿人：陈海玲　赵榕津）

# 高职学段：UI 设计课程标准

## 一、课程名称

UI 设计。

## 二、适用专业

本课程既适用于中高职衔接的高职广告设计与制作专业，也适用于高职艺术设计专业。

## 三、课程性质

本课程是高职学段广告设计与制作专业的方向课程之一，也是该专业的核心能力课程之一。课程要求学生理解"互联网+"的时代背景，掌握紧跟时代需求的实用设计理念。理解 UI 设计的基础理论知识，掌握图标设计、移动界面设计、网页设计等设计技能与方法，结合实际项目场景，并对其内容进行策划与视觉呈现，最终完成一套完整的界面设计方案。

## 四、课程设计

本课程主要培养学生的 UI 界面设计与制作能力。

### （一）前后课程的联系

#### 1. 与前置课程的关系

本课程的前置课程是宣传品设计。该课程主要培养学生掌握宣传品设计的基础知识及创作方法，包括宣传品设计的前期策划，对与企业文化信息相关的广告图形、色彩、文案及编排设计的合理性运用等，使学生能够结合其他课程以及在生活中所获得的知识，在宣传品的创作中，准确地表达企业宣传的主题思想，达成企业宣传的目的，培养正确的设计理念、设计方法，在引导学生学习各类设计风格的同时促进学生设计个性的发展。

#### 2. 与后续课程的关系

本课程的后续课程是包装设计。通过学习该课程，使学生了解包装设计的专业理论和工作流程，理解包装设计的方法与原则，积累包装设计与制作经验，激发学生学习兴趣并形成持久的学习动力，提升学生的自主学习能力，满足职业岗位需求。

### （二）课程设计的思路

本课程主要以移动端手机界面设计与网页界面的工作任务流程为主线。前期通过图标、按钮等元素设计掌握操作技能，引导学生在项目活动中学会设计与制作界面的视觉设计与互动设计的整个流程，培养学生能独立设计界面设计项目的能力。整个课程由UI用户调研与产品分析、UI界面图标设计、移动端界面设计、移动端网页界面设计、UI设计应用与推广5个项目组成，采用由浅入深、循序渐进的教学模式，让学生在完成项目的同时掌握相关的知识点。

## 五、课程教学目标

本课程的教学目标是使学生掌握UI设计的基础知识及的创作方法，包括界面设计内容策划、互动界面设计、界面视觉形象设计等知识内容，通过独立完成界面设计项目，使学生能够理解"互联网+"的时代背景，掌握紧跟时代需求的实用设计理念，熟悉用户界面设计流程，能够通过市场调研和用户需求分析，发掘用户需求，将情感化设计和人机互动行为设计融入互动类产品的界面设计之中，具备用视觉化语言和动态化展现形式将设计概念或创意表现出来的能力。

1. 知识目标

（1）懂得对市场调研和用户需求进行分析，发掘用户需求，并将分析内容用PPT的形式整理和演示。

（2）掌握UI设计的流程和设计方法，并能使用相关工具制作有创意的，充满视觉冲击力的UI设计作品，将创意想法用视觉化的语言和动态化的形式呈现。

（3）了解"互联网+"的时代背景，提出符合行业发展趋势，新颖富有创意的设计概念。

2. 能力目标

（1）能掌握情感化设计的创意手段，表达和发挥"以用户为中心"的设计思想和设计目的。

（2）能进行UI界面设计内容策划、互动界面设计、界面视觉形象设计等知识内容。

（3）能将创意想法用视觉化的语言和动态化的形式呈现，熟悉视觉设计和动态效果设计的相关知识和技术。

3. 素质目标

（1）提高学生的互动意识，扩展学生的知识面，提高学生美学修养，使其具备从事UI界面设计的能力。

（2）培养学生团队合作及独立思考的能力，培养学生严谨的工作作风和良好的职业素质。

（3）培养学生的系统规划能力和全局思维的逻辑思维能力。

（4）培养学生的创意表现和创新能力，加强对学生分析问题、解决问题及培养创造性思维的能力。

## 六、参考学时与学分

参考学时：72 学时。

参考学分：4 学分。

## 七、课程结构（见表 2-41）

表 2-41　课程结构

| 序号 | 教学内容 | 职业能力 | 知识、技能、态度要求 | 教学活动设计 | 学时 |
|---|---|---|---|---|---|
| 1 | UI用户调研与产品分析 | 04-01～04-03、08-01～08-03、09-03 | （1）根据项目要求针对用户习惯、用户类型等因素展开并完成用户调研与产品分析的项目分析、业务沟通、市场调研等环节<br>（2）熟悉调研活动形式：采访、问卷、市场走访、购置产品体验等多种，线下与线上形式相结合<br>（3）能用PPT图文并茂的方式将调研过程与结果呈现<br>（4）以小组形式针对项目要求提出解决方案，并以逻辑图与视觉效果图形式呈现 | 调研一款针对老年人或儿童的界面设计产品，并完成UI用户调研报告 | 4 |
| 2 | UI界面图标设计 | 08-02 | （1）熟悉UI行业分析及UI基础理论知识<br>（2）熟悉UI设计师日常工作岗位的具体工作分工<br>（3）能区别图标、标识与标志三者的关系<br>（4）理解图标设计的基本概念与设计流程<br>（5）掌握图标设计的设计技巧<br>（6）能完成图标设计的项目分析、业务沟通、设计初稿、创意执行、作品后期制作、资料归档等环节 | （1）熟悉UI设计师日常工作岗位的具体工作分工（以模拟设计项目进行训练）<br>（2）主题图标设计，如个性主题图标设计、天气主题图标设计等 | 20 |

续上表

| 序号 | 教学内容 | 职业能力 | 知识、技能、态度要求 | 教学活动设计 | 学时 |
|---|---|---|---|---|---|
| 3 | 移动端界面设计 | 13-04、13-07 | （1）熟悉移动端界面设计的基础知识，掌握移动端界面设计的设计方法<br>（2）能以IOS系统为平台，设计一款个人主题的手机界面<br>（3）能完成手机界面中图标设计、开机画面、主页面、功能界面<br>（4）能针对项目要求准确定位设计风格，界面设计具有人群针对性，并具有良好的用户体验<br>（5）能完成移动端界面设计的项目分析、业务沟通、设计初稿、创意执行、作品后期制作、资料归档等环节 | 个性手机界面设计 | 24 |
| 4 | 移动端网页界面设计 | 11-01、13-02、13-03、13-04 | （1）熟悉移动端网页界面设计的基础知识，掌握移动端网页界面设计的设计方法<br>（2）根据产品品牌设计其网站页面<br>（3）能完成首页、首页广告页面、banner（网幅图像广告）页面、产品详细页面等<br>（4）界面设计能现其良好的视觉引导性与视觉营销点<br>（5）能完成网页界面设计的项目分析、业务沟通、设计初稿、创意执行、作品后期制作、资料归档等环节 | 移动端产品电商界面设计 | 20 |
| 5 | UI设计应用与推广 | 17-01、17-02-02、17-02-03、17-02-05 | （1）能按执行方案的要求及时跟踪UI界面的活动宣传资料的设计<br>（2）能利用网络平台对手机界面与网站界面进行设计应用与推广<br>（3）能利用展厅与线下平台进行效果图展示 | 小型作品展 | 4 |
| 合 计 | | | | | 72 |

注："职业能力"栏目填写的职业能力编码与附录"1. 美术设计与制作专业—广告设计与制作专业职业能力分析表"中的编码对应。

## 八、资源开发与利用

### （一）教材编写与使用

（1）建议选用教育部高等学校高职高专多媒体设计与制作专业教学指导委员会"十三五"规划教材。另外，也可以由一线教师与行业专家依据本课程标准编写教材，把能力培养与知识目标紧密结合。

（2）模拟真实情境，开展灵活多样的任务驱动和引导学生进行创意、思考、观察、调研等活动；教材内容着重启发学生的创意思维，增强学生的创意表现能力，为学生做出完整的 UI 设计方案提供帮助。

（3）教材编写的体例和呈现方式应结合岗位需求和学生的认知水平，强调实用和够用原则，以方便教学。案例要具有典型性、时代性，引用图片应清晰并具有说服力，文字语言要通俗易懂，易于学习。

（4）教材内容应结合行业新发展、新理论、新发展、新技术、新观念，贯彻与时俱进的原则，并借鉴国内外最新的研究成果，做到教学内容的及时更新。

### （二）数字化资源开发与利用

教学应充分利用校内多媒体教室、计算机辅助设计实训室等模拟的工作环境，采用工作情境设置与案例分析教学法，加深学生对 UI 设计的了解，提高学生分析问题及解决问题的能力。在教学过程中，应充分发挥校内实训基地的作用，使教学与实训紧密联系，以真实工作任务为依据整合教学内容，使理论与实践一体化，提高学生的业务能力。

## 九、教学建议

### （一）教学方法

（1）教学主要采用理论讲解和学生实训相结合的方式，教师理论讲授，学生分组讨论，并完成课程作业，教师对学生的作业逐个进行修改与点评，指导学生完成作业。课程要求学生对自己作品进行的讲解与汇报，通过集体汇报作业，行业专家和一线教师点评的方式，锻炼其语言表达能力，同时搭建学生之间相互交流学习的平台。

（2）教学手段主要是多媒体授课，充分利用多媒体的优点，学生能更直观、更清晰地观看和评价实例。

（3）实行任务导入、项目工作的新型教育模式，采用以启发式、案例分析、实例制作为主体的教学方法。将企业的工作模式带到课程教学的实际项目之中，通过实际项目的训练巩固理论授课阶段所学的知识内容。遵循学生职业能力培养的基本规律，以真实工作任务为依据整合教学内容，使理论与实践一体化。

（4）建立课下的教学辅导机制，通过微信等网络社交平台对学生进行课下的作业辅导和帮助。

## （二）教学条件

（1）提供多媒体课室，结合视频教学媒体授课。

（2）提供实训室。实训场地有教室和实训机房，主要设备包括：配备双核以上中央处理器、内存 2 G、硬盘 120 G 以上的电脑主机，17 英寸显示器，配置网络教学系统，安装有 Photoshop、Illustrator、CorelDRAW、Flash、Dreamweaver、PageMaker 等设计软件。

## 十、教学评价

注重过程考核，采用项目考核与综合考核相结合的方式，项目考核在每个项目完成后进行，综合考核在整个课程结束后进行，主要让学生运用在各个项目中学会的技能进行综合项目的制作。（见表 2-42）

表 2-42　项目考核

| 项目 | 考核形式 | 考核要求 | 分值 |
| --- | --- | --- | --- |
| UI 用户调研与产品分析 | 用户调研报告 | 调研报告有针对性，主题突出，过程完整 | 5 |
| UI 界面图标设计 | 作品 | UI 设计方案逻辑合理，有针对性，UI 设计创意表现主题突出，传递信息完整，具有商业表现力和艺术表现力 | 25 |
| 移动端界面设计 | 作品 | UI 设计方案逻辑合理，有针对性，UI 设计创意表现主题突出，传递信息完整，具有商业表现力和艺术表现力 | 30 |
| 移动端网页界面设计 | 作品 | UI 设计方案逻辑合理，有针对性，UI 设计创意表现主题突出，传递信息完整，具有商业表现力和艺术表现力 | 20 |
| UI 设计应用与推广 | 作品展示 | UI 设计方案逻辑合理，有针对性，UI 设计创意表现主题突出，传递信息完整，具有商业表现力和艺术表现力 | 10 |
| 出勤 | | | 10 |
| 合　　计 | | | 100 |

（撰稿人：肖文婷）

# 高职学段：包装设计课程标准

## 一、课程名称

包装设计。

## 二、适用专业

本课程既适用于中高职衔接的高职广告设计专业，也适用于高职艺术设计专业。

## 三、课程性质

本课程是高职学段广告设计与制作专业的方向课程之一，也是广告设计专业的一门综合性较强的专业课程之一。其任务是使学生了解包装设计的专业理论和工作流程，理解包装设计的方法与原则，培养学生成为专业的包装设计人才，能设计不同类型的包装设计作品，掌握从事包装设计岗位工作任务的专业技术和职业能力，为后续的系列广告设计课程学习奠定良好的基础。

## 四、课程设计

本课程主要培养学生的包装设计与制作能力。

### （一）前后课程的关系

#### 1. 与前置课程的关系

本课程的前置课程是 UI 设计。该课程主要要求学生理解"互联网＋"的时代背景，掌握紧跟时代需求的实用设计理念。理解 UI 设计的基础理论知识，掌握图标设计、移动界面设计、网页设计等设计技能与方法；培养正确的设计方法，在引导学生学习各类设计风格的同时促进学生设计个性的发展。

#### 2. 与后续课程的关系

本课程的后续课程是网页设计。该课程主要培养学生掌握网页的基础知识及执行方法，使学生能够结合其他课程以及在商业活动中所获得的知识，在网页过程中，能够准确、有效地完成网页设计的相关工作；培养正确的理念、方法，在引导学生学习各种工作思路与技法的同时促进学生设计个性的发展。

### （二）课程设计的思路

本课程以包装设计的岗位工作任务流程进行工为主线，通过案例分析讲解、模拟项目来组织教学，引导学生在项目活动中学会设计与制作各类商业包装，掌握平面包装设计流程，培养学生能够独立设计与制作商业包装的能力。整个课程教学设计由 4 个项目组成，采用由浅入深、循序渐进的教学模式，让学生在完成项目的同时掌握相关的知识点。

## 五、课程教学目标

本课程的教学目标是学生掌握包装设计的基础知识及包装作品的创作方法，使学生能够运用品牌整合包装的理念和现代包装设计所追求的节约和绿色的环保理念，对包装设计的基本要求、包装材料、包装印刷工艺有初步的了解，准确定位包装形象，具备包装效果的设计与表现的能力，培养学生的创造性思维方式和形式美法则运用能力，从而适应岗位需求。

1. 知识目标

（1）懂得平面包装设计的基础知识。
（2）掌握包装作品的创作方法。
（3）了解包装设计专业相关专业术语。
（4）理解包装设计与消费心理、品牌价值之间的关系。
（5）熟悉包装设计的市场调查方法。
（6）熟悉包装设计的材料与结构特征。

2. 能力目标

（1）熟悉包装设计工作流程，能正确填写任务单。
（2）熟悉包装设计的基本要求。
（3）了解包装材料、包装印刷工艺。
（4）能准确定位包装设计风格并具备包装效果设计与表现能力。
（5）能完成包装活动的项目分析、业务沟通、设计初稿、创意执行、作品后期制作、资料归档、活动执行、设计推广等环节。
（6）掌握包装设计的图形、文字、色彩、排版的设计方法。
（7）能通过网络、书籍等方式对新知识、新技术、新标准进行有效的学习。

3. 素质目标

（1）具备自我学习的能力。
（2）具备良好的语言表达能力。
（3）具备沟通及协调的能力。
（4）具备责任心与职业道德素养。

## 六、参考学时与学分

参考学时：96 学时。
参考学分：4 学分。

## 七、课程结构（见表 2-43）

表 2-43　课程结构

| 序号 | 学习任务 | 职业能力 | 知识、技能、态度要求 | 教学活动设计 | 学时 |
|---|---|---|---|---|---|
| 1 | 项目启动 | 07-01 | （1）了解包装的背景<br>（2）项目下单<br>（3）接收客户提供的文件资料<br>（4）整理并归档业务基本信息。如客户名称、联系人、联系办法、业务基本开本、材料、工艺要求等<br>（5）整理信息并及时向上级或相关部门反馈信息<br>（6）设计工作简报 | 模拟某产品包装设计 | 4 |
|   |   | 08-01-01~<br>08-01-03、<br>08-01-05~<br>08-01-07 | （1）了解包装设计的基础知识<br>（2）掌握市场调研的基本流程与方法<br>（3）设计调研计划<br>（4）通过互联网、问卷、面谈、电话等形式进行市场调研<br>（5）分析调研数据 | 模拟某产品包装设计 | 4 |
|   |   | 11-01-02~<br>11-01-04 | 设计构思：<br>（1）能提出搜索设计素材的明确的图片方向<br>（2）通过互联网、书籍等方式准确、到位地找图<br>（3）根据策划方案的要求手绘创意草图 | 模拟某产品包装设计 | 4 |
| 2 | 瓶贴设计 | 11-02-02、<br>11-02-04、<br>11-02-05 | 掌握瓶贴设计的基本方法：<br>（1）分析任务单的设计要求尺寸规格、功能及工艺要求<br>（2）能运用 Photoshop、Illustrator、CorelDRAW 等设计软件按客户实际尺寸要求设定版面<br>（3）分析文字资料和图片资料并制订工作计划<br>（4）能确认无误的将文案、图片等资料导入设计页面（预留出血位）<br>（5）能对策划部提供的有关资料和意见加以分析，依照包装设计的要求，配合消费者的心态，完成创意方案<br>（6）能够设计满足客户要求的瓶贴 | 模拟某产品包装的瓶贴设计 | 12 |

续上表

| 序号 | 学习任务 | 职业能力 | 知识、技能、态度要求 | 教学活动设计 | 学时 |
|---|---|---|---|---|---|
| 3 | 包装结构设计 | 13-02 | 掌握不同类型（翻盖、套盖、开窗、提携、抽拉、异型等）的包装结构设计的技巧：<br>（1）分析任务单的设计要求尺寸规格、功能及工艺要求<br>（2）能运用Photoshop、Illustrator、CorelDRAW等设计软件按客户实际尺寸要求设定版面<br>（3）能对策划部提供的有关资料和意见加以分析，依照包装计划的要求，配合消费者的心态，完成创意方案<br>（4）能够设计满足客户要求的翻盖、套盖、开窗、提携、抽拉、异型等纸盒包装 | 模拟某产品包装设计 | 36 |
| 4 | 包装装潢设计 | 13-02、14-01 | 掌握包装装潢设计创意方法和表现技法：<br>（1）分析任务单的设计要求尺寸规格、功能及工艺要求<br>（2）能运用Photoshop、Illustrator、CorelDRAW等设计软件按客户实际尺寸要求设定版面<br>（3）分析文字资料和图片资料并制订工作计划<br>（4）能准确无误地将文案、图片等资料导入设计页面（预留出血位）<br>（5）能对策划部提供的有关资料和意见加以分析，依照包装计划的要求，配合消费者的心态，完成创意方案<br>（6）能够设计满足客户要求的包装<br>（7）将排版的结果按照印刷工艺要求输出。如规范标明材料、工艺、规格、出血位等 | 模拟某产品系列包装设计 | 36 |
| 合 计 | | | | | 96 |

注："职业能力"栏目填写的职业能力编码与附录"1. 美术设计与制作专业—广告设计与制作专业职业能力分析表"中的编码对应。

## 八、资源开发与利用

注重多媒体课件、教学视频等常用课程资源和现代化教学资源的开发和利用,这些资源有利于创设形象生动的工作情境,激发学生的学习兴趣,促进学生对知识的理解和掌握。同时,建议加强常用课程资源的开发,建立多媒体课程资源的数据库,努力实现跨学校多媒体资源共享,提高课程资源利用效率。

### (一)教材编写与使用

建议由一线专业教师和行业专家依据本课程标准编写教材。基本要求有以下四个方面:

(1)结合包装设计专业的知识学习和岗位职业能力的培养,依据本课程标准编写教材。

(2)教材注重岗位职业能力培养,以项目驱动任务,以实际任务为引领,以包装设计作品的创作、制作为主线,根据学生的认知特点,通过案例分析、模拟训练等项目来编写教材。

(3)教材图文并茂,语言深入浅出。

(4)教材内容与时俱进,引用国内外最新的资源,案例典型,具有可操作性。

### (二)数字化资源开发与利用

(1)积极开发和利用网络课程资源,充分利用诸如电子书籍、电子期刊、数据库、数字图书馆、教育网站和电子论坛等网络信息资源,使教学从单一媒体向多种媒体转变,教学活动从信息的单向传递向双向交换转变,学生从单独学习向合作学习转变。同时应积极创造条件搭建远程教学平台,扩大课程资源的交互空间。

(2)产学合作开发实验实训课程资源,充分利用本行业典型的企业资源,加强产学合作,建立实习实训基地,实践工学交替,满足学生的实习实训需求,同时为学生提供就业机会。

## 九、教学建议

### (一)教学方法

以项目驱动任务,以实际任务为引领展开教学活动过程。

(1)在教学过程中结合项目的策划方案,以平面包装作品的创作、制作为主线,通过模拟案例分析、模拟训练等项目,使学生掌握包装设计的方法与技巧。

(2)采用由浅入深、循序渐进的教学模式,让学生在完成项目制作的同时掌握相关的知识点,充分体现"做中学、学中做"的职业教学理念。

(3)应用多种教学方法,激发学生的学习兴趣,培养学生独立学习的能力。

## （二）教学条件

（1）使用多媒体课室，结合视频教学媒体授课。

（2）配置实训室。实训场地有教室和实训机房，主要设备包括：配备双核以上中央处理器、内存 2 G、硬盘 120 G 以上电脑主机，17 英寸显示器，配置网络教学系统，安装有 Photoshop、Illustrator、CorelDRAW、Flash、Dreamweaver、PageMaker 等平面设计软件。

# 十、教学评价

注重过程考核，采用项目考核与综合考核相结合的方式，项目考核在每个项目完成后进行，综合考核在整个课程结束后进行，主要让学生运用在各个项目中学会的技能进行综合项目的制作。（见表 2 - 44）

表 2 - 44　项目考核

| 典型工作任务 | 评价方式 | 评价要求 | 分值 |
| --- | --- | --- | --- |
| 项目启动 | 作品 | 撰写调研报告 | 15 |
| 瓶贴设计 | 作品 | 作品表现主题突出，具有商业表现力和艺术表现力；排版的结果按照印刷工艺要求输出 | 15 |
| 包装结构设计 | 作品 | 作品表现主题突出，满足功能需求 | 20 |
| 包装装潢设计 | 作品 | 作品表现主题突出，具有商业表现力和艺术表现力；排版后的样稿按照印刷工艺要求输出 | 40 |
| 出勤 |  | — | 10 |
| 合计 |  |  | 100 |

（撰稿人：万　靓　廖荣盛）

# 高职学段：网页设计课程标准

## 一、课程名称

网页设计。

## 二、适用专业

本课程既适用于中高职衔接的高职广告设计与制作专业，也适用于高职艺术设计专业。

## 三、课程性质

本课程是高职学段广告设计与制作专业的一门专业必修课程，也是专业主干课程之一。课程面向的主要岗位为网页设计师和网站维护管理员。学生前期已完成计算机文化基础和常用设计软件的学习，对计算机软件操作较为熟练，也为网站建设与管理、网络数据库等相关课程的后续学习打下基础。本课程采用基于工作过程培养模式，强调知识的实用性。

## 四、课程设计

本课程主要以就业为导向，按照基于工作过程的职业能力来进行课程开发，邀请企业行业网络专家对计算机网络专业所涵盖的岗位群进行工作任务和职业能力分析，以此为依据确定本课程的工作任务和课程内容。参照行业职业标准，以任务引领为课程框架，将课程按递进方式设计成项目，并以项目为单元组织教学。教学内容由浅入深，使学生从点到面地全面掌握网页设计的职业技能。同时开发教材，对教学过程的组织、教学条件、课程评价都进行了详细的设置，完成本课程的整体教学内容和教学实施的整体设计，构建网页设计课程标准。

（一）前后课程的联系

1. 与前置课程的关系

本课程的前置课程是包装设计。该课程主要是使学生了解包装设计的专业理论和工作流程，理解包装设计的方法与原则，能设计不同类型的包装设计作品。

2. 与后续课程的关系

本课程的后续课程是新媒体广告。该课程使学生了解新媒体广告的基础知识，理解新媒体广告的设计方法与原则，培养学生成为专业的新媒体广告设计人才，能根据客户的不同需求，设计符合要求的新媒体广告作品。掌握从事广告设计职业岗位实际工作的专业技术和职业能力，为后续的系列广告设计课程学习奠定良好的基础。

## （二）课程设计的思路

本课程以网页设计的岗位工作任务流程分工为主线，通过案例分析讲解、模拟项目来组织教学。以"实用性、针对性"为原则，采用"项目引导、任务驱动"的思路，按照实际项目开发课程，将动态网站建设课程的学习糅合在项目设计任务中完成。通过设计任务的完成，达到课程教学的知识目标和能力目标。

## 五、课程教学目标

通过真实网站项目的开发，使学生掌握网站开发的过程及网页的设计制作方法，能开发出以静态功能为主、包含部分动态功能的中小型网站。通过多个网站的分级开发实施，不断强化学生的网页设计与制作的技能，积累网页设计与制作的经验，激发学生的学习兴趣并使其形成持久的学习动力，提升学生的自主学习能力，以满足职业岗位需求。

1. **知识目标**

（1）了解网站开发的过程、网站规划及页面设计要求。

（2）理解网页的各种布局概念和 Web 标准。

（3）了解常见的网页元素并理解其 HTML 代码。

（4）掌握 CSS（Cascading Style Sheets）规则的常用属性。

（5）掌握超链接的类型和各种路径的概念。

（6）理解常见图像格式。

（7）理解网站测试与推广。

2. **能力目标**

（1）能规划网站及设计页面。

（2）能使用 Dreamweaver 制作各种布局排版的静态网页。

（3）能测试、发布、推广、维护及管理网站。

（4）能处理网站开发过程中所遇到的常见问题。

（5）能完成网页设计的项目分析、业务沟通、设计初稿、创意执行、作品后期制作及资料归档等环节。

（6）能通过网络、书籍等方式对新知识、新技术、新标准进行有效的学习。

3. **素质目标**

（1）具有良好的沟通能力和协作精神。

（2）具有勤于思考、认真踏实的工作作风。

（3）具有运用科学技术和创新创业的理念。

（4）具有自主学习、不断进取、理论联系实际的综合素养。

## 六、参考学时与学分

参考学时：72 学时。

参考学分：4 学分。

## 七、课程结构(表 2-45)

表 2-45　课程结构

| 序号 | 学习任务 | 职业能力 | 知识、技能、态度要求 | 教学活动设计 | 学时 |
|---|---|---|---|---|---|
| 1 | 网站规划 | 08-03、09-01 | (1) 了解网站开发的过程、网站规划及页面设计的要求<br>(2) 了解优秀网页在布局、颜色等方面的特点<br>(3) 能分析优秀网页的布局结构、颜色搭配及视觉效果<br>(4) 掌握网站项目计划书的编写方法<br>(5) 掌握站点的创建和管理<br>(6) 掌握"文件"面板的使用<br>(7) 能完成网站规划与网页设计的项目分析、业务沟通、设计初稿、创意执行、作品后期制作及资料归档等环节 | 模拟案例,如个人网站、企业网站的网站规划与网页设计 | 12 |
| 2 | 网页布局 | 13-05-01、13-05-02、13-06、13-07-01~13-07-05 | (1) 能利用表格进行网页布局,能对表格进行设置以满足页面需要<br>(2) 能在页面合适位置添加文字图片<br>(3) 能使用 Div+CSS 布局相关网页<br>(4) 能使用层布局相关网页<br>(5) 能使用框架制作分页<br>(6) 掌握添加表格、设置表格属性的方法<br>(7) 掌握设置表格中行、列属性的方法<br>(8) 掌握文字、图像定位的方法<br>(9) 掌握层布局网页的方法<br>(10) 掌握框架的添加、保存、属性设置方式<br>(11) 掌握在框架中表格、文字、图片的添加与设置<br>(12) 能完成网页布局的项目分析、业务沟通、设计初稿、创意执行等环节 | 模拟案例,如个人网站、企业网站的网页布局设计 | 12 |

续上表

| 序号 | 学习任务 | 职业能力 | 知识、技能、态度要求 | 教学活动设计 | 学时 |
|---|---|---|---|---|---|
| 3 | 网页素材的获取与添加 | 16-06、16-07、16-08 | (1) 掌握输入与编辑文本的方法<br>(2) 掌握水平线、日期等的插入和设置方法<br>(3) 掌握图像的插入方法<br>(4) 掌握图像属性的设置方法<br>(5) 掌握图像与文本混合编排的方法<br>(6) 掌握在网页中 Flash、Flash 按钮、Flash 文本等多媒体对象的插入与设置<br>(7) 掌握如何在表单网页中插入表单域，在表单域中插入文本域、文本区域、按钮、按钮组、复选框、列表/菜单和图像域的方法<br>(8) 掌握页面之间网址、锚点、电子邮件地址等超链接的方法<br>(9) 能在页面中使用和设置文字格式<br>(10) 能在页面中插入水平线和日期等内容并设置<br>(11) 能将页面中的图文混排，并在网页中插入多媒体及制作表单页面 | 模拟案例，如个人网站、企业网站的网页素材的获取与添加 | 20 |
| 4 | 网页美化 | 16-07、16-08 | (1) 掌握 CSS 样式表的基本语法和定义位置<br>(2) 掌握标签样式、高级样式、类样式的定义方法<br>(3) 掌握使用 CSS 样式表美化页面的方法<br>(4) 能使用 CSS 样式表美化网页 | 模拟案例，如个人网站、企业网站的网页美化设计 | 8 |
| 5 | 多媒体与网页特效 | 17-01、17-02-02～17-02-05 | (1) 掌握 spry 框架组件的添加和使用方法<br>(2) 学会使用行为制作特效的操作方法<br>(3) 掌握内置行为的添加<br>(4) 学会使用时间轴制作特效的操作方法<br>(5) 熟悉时间轴行为的应用程序<br>(6) 掌握插件的安装方法<br>(7) 学会使用插件制作特效的操作方法<br>(8) 能制作含有 spry 框架组件的页面<br>(9) 能使用时间轴、插件制作网页特效 | 模拟案例，如个人网站、企业网站的多媒体与网页特效设计 | 16 |

续上表

| 序号 | 学习任务 | 职业能力 | 知识、技能、态度要求 | 教学活动设计 | 学时 |
|---|---|---|---|---|---|
| 6 | 网站测试、发布与推广 | 21-11 | (1) 掌握网站测试的方法<br>(2) 了解域名的设计与申请方法<br>(3) 掌握网站的发布方法<br>(4) 了解网站的维护与更新<br>(5) 能进行网站测试、申请域名、发布网站、对网站进行维护与更新 | 模拟案例，如个人网站、企业网站的网站测试、发布与推广 | 4 |
| 合　计 | | | | | 72 |

注："职业能力"栏目填写的职业能力编码与附录"1. 美术设计与制作专业—广告设计与制作专业职业能力分析表"中的编码对应。

## 八、资源开发与利用

（一）教材编写与使用

建议由一线专业教师和行业专家依据本课程标准编写教材。基本要求有以下四个方面：

（1）结合广告专业的知识学习和岗位职业能力的培养，依据本课程标准编写教材。

（2）教材注重岗位职业能力培养，以项目驱动任务，以实际任务为引领，结合策划方案以宣传品的创作、制作为主线，根据学生的认知特点，通过案例分析、模拟训练等项目来编写教材。

（3）教材图文并茂，语言深入浅出。

（4）内容与时俱进，引用国内外最新的资源，案例典型，具有可操作性。

（二）数字化资源开发与利用

（1）积极开发和利用网络课程资源，充分利用诸如电子书籍、电子期刊、数据库、数字图书馆、教育网站和电子论坛等网络信息资源，使教学从单一媒体向多种媒体转变，教学活动从信息的单向传递向双向交换转变，学生从单独学习向合作学习转变。同时应积极创造条件搭建远程教学平台，扩大课程资源的交互空间。

（2）产学合作开发实验实训课程资源，充分利用本行业的企业资源，加强产学合作，建立实习实训基地，实践工学交替，满足学生的实习实训需求，同时为学生提供就业机会。

## 九、教学建议

### （一）教学方法

（1）在教学过程中结合实际项目，以网页设计岗位工作内容为主线，通过模拟案例分析、模拟练习等项目，使学生掌握网页设计的方法与技巧。

（2）采用由浅入深、循序渐进的教学模式，让学生在完成项目制作的同时掌握相关的知识点，充分体现"做中学、学中做"的职业教学理念。

（3）采用多种教学方法，激发学生的学习兴趣，培养学生独立学习的能力。

### （二）教学条件

（1）提供多媒体课室，结合视频教学媒体授课。

（2）提供实训室。实训场地有教室和实训机房，主要设备包括：配备双核以上中央处理器、内存 2 G、硬盘 120 G 以上的电脑主机，17 英寸显示器，配置网络教学系统，安装有 Photoshop、Illustrator、InDesign 等平面设计软件。

## 十、教学评价

注重过程考核，采用项目考核与综合考核相结合的方式，项目考核在每个项目完成后进行，综合考核在整个课程结束后进行，主要让学生运用在各个项目中学会的技能进行综合项目的制作。（见表 2-46）

表 2-46　项目考核

| 项目 | 考核形式 | 考核要求 | 分值 |
| --- | --- | --- | --- |
| 网站规划 | 作品 | 网站规划设计逻辑通畅，方案有针对性，主题突出，传递信息完整，具有商业表现力 | 10 |
| 网页布局 | 作品 | 网页布局逻辑通畅，方案有针对性，主题突出，传递信息完整，具有商业表现力 | 10 |
| 网页素材的获取与添加 | 作品 | 网页素材的获取与添加逻辑合理，有针对性，主题突出，传递信息完整，具有商业表现力 | 20 |
| 网页美化 | 作品 | 网页美化设计方案逻辑合理，有针对性，设计创意表现主题突出，传递信息完整，具有商业表现力和艺术表现力 | 20 |
| 多媒体与网页特效 | 作品 | 多媒体与网页特效设计方案逻辑合理，有针对性，设计创意表现主题突出，传递信息完整，具有商业表现力和艺术表现力 | 20 |

续上表

| 项目 | 考核形式 | 考核要求 | 分值 |
|---|---|---|---|
| 网站测试、发布与推广 | 作品 | 网站测试、发布与推广逻辑合理，有针对性，主题突出，传递信息完整，具有商业表现力和艺术表现力 | 10 |
| 出勤 | | — | 10 |
| 合计 | | | 100 |

（撰稿人：李蓟宁）

# 高职学段：新媒体广告课程标准

## 一、课程名称

新媒体广告。

## 二、适用专业

本课程既适用于中高职衔接的高职广告设计与制作专业，也适用于高职艺术设计专业。

## 三、课程性质

本课程是高职学段广告设计与制作专业的方向课程之一，也是一门集多学科知识为一体的综合课程。其任务是使学生了解新媒体广告的基础知识，理解新媒体广告的设计方法与原则，培养学生成为专业的新媒体广告设计人才，并能根据客户的不同需求，设计符合要求的新媒体广告作品，掌握从事广告设计职业岗位实际工作的专业技术和职业技能，为后续的系列广告设计课程学习奠定良好的基础。

## 四、课程设计

本课程主要培养学生的新媒体广告设计与制作的能力，掌握新媒体环境的项目策划与项目创意技术，实现解决完整项目的策划与创意技能。

### （一）前后课程的联系

#### 1. 与前置课程的关系

本课程的前置课程是网页设计。该课程教学目标是通过真实网站项目的开发，使学生掌握网站开发的过程及网页的设计制作方法，能开发以静态功能为主、包含部分动态功能的中小型网站，通过多个网站的分级开发实施，不断强化学生的网页设计与制作技能，积累网页设计与制作经验，激发学生学习兴趣并形成持久的学习动力，提升学生的自主学习能力，满足职业岗位需求。

#### 2. 与后续课程的关系

本课程的后续课程是品牌推广。该课程主要是使学生了解品牌推广的基础知识及执行方法，使学生能够结合其他课程以及在商业活动中所获得的知识，在品牌推广中能够准确、有效地完成品牌推广相关工作。

## （二）课程设计的思路

本课程以新媒体广告的岗位工作任务流程为主线，通过案例分析讲解、模拟项目来组织教学，在项目活动中学生通过新媒体广告的实践活动，完成新媒体广告设计系列设计作品，将设计理念、艺术表达形式以及专业表现技巧在学习过程中综合运用，全面了解新媒体广告的特点和运作规律。在教学内容上强调现实性和实用性，注重培养学生在新媒体广告方面的实际应用能力，提高其在新媒体广告方面的业务技能。因此在教学过程中注重培养学生的动手能力，要求学生能够学以致用。

## 五、课程教学目标

本课程的教学目标是培养学生新媒体广告的创意思维，了解新媒体广告的特点和运作规律，培养学生在新媒体广告方面的实际应用能力，提高其在新媒体广告方面的业务技能，掌握新媒体广告的设计流程与方法，培养学生的新媒体界面的设计能力，在引导学生学习各类新媒体广告的同时促进学生设计个性的发展。

1. 知识目标

（1）熟悉新媒体广告的基础知识。

（2）了解主要的新媒体广告形态。

（3）掌握新媒体广告创意思维以及新媒体广告界面的设计方法。

（4）了解新媒体广告的相关专业术语。

2. 能力目标

（1）能制定有效的新媒体策划方案。

（2）掌握企业新媒体广告设计的内容与过程。

（3）能选择恰当的创意设计手法完成新媒体广告创意方案。

（4）能通过网络、书籍等方式对新知识、新技术、新标准进行有效的学习。

3. 素质目标

（1）具备自我学习的能力。

（2）具备良好的语言表达能力。

（3）具备沟通及协调的能力。

（4）具备责任心与职业道德素养。

## 六、参考学时与学分

参考学时：72 学时。

参考学分：4 学分。

## 七、课程结构（见表2-47）

表2-47 课程结构

| 序号 | 学习任务 | 职业能力 | 知识、技能、态度要求 | 教学活动设计 | 学时 |
|---|---|---|---|---|---|
| 1 | 新媒体的广告创意与策划 | 10-01-01~<br>10-01-03、<br>11-01-04、<br>11-02、<br>13-03-01 | 熟悉新媒体广告基础知识：<br>（1）了解新媒体行业种类的基础知识、新媒体广告设计的定义、新媒体广告设计在广告运作中的地位和作用<br>（2）熟悉新媒体广告设计的内容与步骤、新媒体广告设计的特性与进行新媒体广告设计的原则<br>（3）了解新媒体广告设计的交互特质<br>（4）理解不同新媒体类型的特点、传播方式、媒介 | 不同类型的新媒体广告案例分析 | 4 |
| | | 13-02-01、<br>13-02-02、<br>13-03、<br>13-04、<br>13-06 | 新媒体的广告创意与策划：<br>（1）了解新媒体广告的媒介选择与组合的方法、新媒体广告的媒介发布时机、新媒体广告的媒介排期<br>（2）掌握新媒体广告策略<br>（3）熟悉新媒体广告的创意与策划工作流程<br>（4）掌握对新媒体、流媒体、自媒体的项目及产品等的策划与创意技能 | 模拟新媒体广告项目，撰写新媒体广告设计书 | 4 |
| 2 | 网络新媒体广告 | 10-01-01、<br>10-01-02、<br>10-01-03、<br>13-04-02 | （1）网络新媒体广告设计<br>（2）熟悉网络新媒体广告的基础知识（概念、特点）<br>（3）熟悉微博平台<br>（4）掌握网络新媒体广告（植入广告、公关新闻、博客传播）的表现方法<br>（5）熟悉新媒体广告受众的群体特征<br>（6）能设计有效的网络新媒体广告<br>（7）掌握网络新媒体广告制作的规格、输出等基础知识<br>（8）掌握网络新媒体策划设计创意的基本技能，新媒体行业种类的基础知识和特点 | 网络新媒体广告设计，如网站旗帜广告、互动页面等 | 16 |

续上表

| 序号 | 学习任务 | 职业能力 | 知识、技能、态度要求 | 教学活动设计 | 学时 |
|---|---|---|---|---|---|
| 3 | 手机新媒体广告 | 11-01、21-11 | 手机新媒体广告设计：<br>（1）熟悉自媒体平台<br>（2）了解手机新媒体广告的基础知识<br>（3）掌握手机新媒体广告的表现方法<br>（4）掌握图文直发广告、软文推广广告的方法<br>（5）能利用手机媒体互动性强的特点，设计有效的手机新媒体<br>（6）掌握手机新媒体广告制作的规格、输出等基础知识 | 手机新媒体广告设计，模拟项目，申请一个微信公众号，并根据特定的主题设计微信界面以及微信推广广告 | 20 |
| 4 | 移动新媒体广告 | 11-02、21-11 | 移动新媒体广告设计：<br>（1）熟悉移动新媒体广告的基础知识（形式、特点）<br>（2）掌握网络新媒体广告（移动电视、车载电视、地铁电视）的表现方法<br>（3）熟悉新媒体广告受众的群体特征<br>（4）掌握手机新媒体广告制作的规格、输出等基础知识 | 移动新媒体广告设计，模拟项目，并根据特定的主题设计地铁广告 | 16 |
| 5 | 户外新媒体广告 | 14-01~14~04 | 户外新媒体广告设计：<br>（1）熟悉户外媒体广告的基础知识（概念、特点）<br>（2）掌握网络新媒体广告（户外视频、户外投影、户外触摸）的表现方法<br>（3）熟悉新媒体广告受众的群体特征<br>（4）掌握户外新媒体广告制作的规格、输出等基础知识 | 户外新媒体广告设计，模拟项目，并根据特定的主题设计地铁广告 | 12 |
| | | | 合　计 | | 72 |

注："职业能力"栏目填写的职业能力编码与附录"1. 美术设计与制作专业—广告设计与制作专业职业能力分析表"中的编码对应。

## 八、资源开发与利用

注重多媒体课件、教学视频等常用课程资源和现代化教学资源的开发和利用,这些资源有利于创设真实的工作情境,激发学生的学习兴趣,促进学生对知识的理解和掌握。同时,建议加强常用课程资源的开发,建立多媒体课程资源的数据库,努力实现跨学校多媒体资源共享,提高课程资源利用效率。

### (一)教材编写与使用

建议由一线专业教师和行业专家依据本课程标准编写教材。基本要求有以下四个方面:

(1)结合广告设计专业的知识学习和岗位职业能力的培养,依据本课程标准编写教材。

(2)教材注重岗位职业能力培养,以项目驱动任务,以实际任务为引领,以新媒体广告的创作、制作为主线,根据学生的认知特点,通过案例分析、模拟训练等项目来编写教材。

(3)教材图文并茂,语言深入浅出。

(4)内容与时俱进,引用国内外最新的资源,案例典型,具有可操作性。

### (二)数字化资源开发与利用

(1)积极开发和利用网络课程资源,充分利用诸如电子书籍、电子期刊、数据库、数字图书馆、教育网站和电子论坛等网络信息资源,使教学从单一媒体向多种媒体转变,教学活动从信息的单向传递向双向交换转变,学生从单独学习向合作学习转变。同时应积极创造条件搭建远程教学平台,扩大课程资源的交互空间。

(2)产学合作开发实验实训课程资源,充分利用本行业典型的企业资源,加强产学合作,建立实习实训基地,实践工学交替,满足学生的实习实训需求,同时为学生提供就业机会。

## 九、教学建议

### (一)教学方法

以项目驱动任务,以岗位实际工作内容为主线开展教学活动。

(1)在教学过程中以新媒体广告的创作、制作为主线,通过模拟案例分析、模拟训练等项目使学生掌握新媒体广告的表现方法,不断完善提高各种类型新媒体广告设计的创作能力。

(2)采用由浅入深、循序渐进的教学模式,让学生在完成项目制作的同时掌握相关的知识点,充分体现"做中学、学中做"的职业教学理念。

(3)应用多种教学方法,激发学生的学习兴趣,培养学生独立学习的能力。

## （二）教学条件

（1）提供多媒体课室，结合视频教学媒体授课。

（2）提供实训室。实训场地有教室和实训机房，主要设备包括：配备双核以上中央处理器、内存2 G、硬盘120 G以上的电脑主机，17英寸显示器，配置网络教学系统，安装有Photoshop、Illustrator、InDesign等平面设计软件。

## 十、教学评价

注重过程考核，采用项目考核与综合考核相结合的形式，项目考核在每个项目完成后进行，综合考核是整个课程结束后进行，主要让学生运用在各个项目中学会的技能进行综合项目的制作。（见表2-48）

表2-48 项目考核

| 项目 | 考核形式 | 考核要求 | 分值 |
| --- | --- | --- | --- |
| 撰写新媒体广告计划书 | 文档 | 完整项目方案的设计能力及创新能力 | 10 |
| 网络新媒体广告 | 作品 | 完整项目方案的设计能力及创新能力；新媒体策划设计创意的基本技能；新媒体行业种类的基础知识及特点 | 20 |
| 手机新媒体广告 | 作品 | 完整项目方案的设计能力及创新能力；新媒体策划设计创意的基本技能；新媒体行业种类的基础知识及特点 | 20 |
| 移动新媒体广告 | 作品 | 完整项目方案的设计能力及创新能力；新媒体策划设计创意的基本技能；新媒体行业种类的基础知识及特点 | 20 |
| 户外新媒体广告 | 作品 | 完整项目方案的设计能力及创新能力；新媒体策划设计创意的基本技能；新媒体行业种类的基础知识及特点 | 20 |
| 出勤 | — | | 10 |
| 合　　计 | | | 100 |

（撰稿人：廖荣盛）

# 高职学段：品牌推广课程标准

## 一、课程名称

品牌推广。

## 二、适用专业

本课程既适用于中高职衔接的高职广告设计与制作专业，也适用于高职艺术设计专业。

## 三、课程性质

本课程是高职学段广告设计与制作专业的广告策划专业的方向课程之一。课程的任务是使学生了解品牌推广的专业理论和工作流程，理解品牌推广的方法与原则，培养学生成为专业的广告设计人才，掌握从事品牌推广职业岗位实际工作的专业技术和职业能力，为后续的系列广告设计课程学习奠定良好的基础。

## 四、课程设计

本课程主要培养学生的品牌推广能力。

### （一）前后课程的关系

#### 1. 与前置课程的关系

本课程的前置课程是新媒体广告。该课程主要是使学生了解新媒体广告的基础知识，理解新媒体广告的设计方法与原则；能根据客户的不同需求，设计符合要求的新媒体广告作品。

#### 2. 与后续课程的关系

本课程的后续课程是广告策划专业方向项目实训。该课程运用理论与实践相结合的方法，通过项目实践性教学环节，指导学生进行具体的广告策划训练，使学生全面掌握广告策划具体项目运作的原理、方法、流程，能有效完成产品品牌形象、产品促销活动、主题活动的广告策划、撰写广告策划书。

### （二）课程设计的思路

本课程以品牌推广的岗位工作内容为主线，通过案例分析讲解、模拟项目来组织教学，引导学生在项目活动中学会设计与制作各类商业广告，掌握品牌推广整个流程，培养学生能够独立策划与推广执行的能力。整个课程教学设计由 4 个项目组成，采用由浅入深、循序渐进的教学模式，让学生在完成项目的同时掌握相关的知识点。

## 五、课程教学目标

本课程的教学目标是使学生掌握品牌推广的基础知识及执行方法，使学生能够结合其他课程以及在商业活动中所获得的知识，在品牌推广过程中能够准确、有效地完成品牌推广的相关工作；培养正确的理念、方法，在引导学生学习各种工作思路与技法的同时促进学生设计个性的发展。

1. 知识目标

（1）熟悉品牌推广的基础知识。
（2）掌握品牌推广的方法。
（3）了解品牌推广专业相关的专业术语。

2. 能力目标

（1）熟悉各类品牌的推广策略。
（2）熟悉品牌推广的基本操作模式。
（3）能选择合理的品牌推广方法完成策划方案。
（4）熟悉各类品牌的推广方式。
（5）能通过网络、书籍等方式对新知识、新技术、新标准进行有效的学习。
（6）能撰写品牌推广方案。

3. 素质目标

（1）具备自我学习的能力。
（2）具备良好的语言表达能力。
（3）具备沟通与协调的能力。
（4）具备责任心与职业道德素养。

## 六、参考学时与学分

参考学时：72 学时。
参考学分：4 学分。

## 七、课程结构（见表 2-49）

表 2-49　课程结构

| 序号 | 学习任务 | 职业能力 | 知识、技能、态度要求 | 教学活动设计 | 学时 |
|---|---|---|---|---|---|
| 1 | 品牌推广的概述 | 02-02-01 | （1）熟悉品牌推广相关的专业名词及基础知识<br>（2）能赏析优秀品牌推广案例<br>（3）能准确把握客户心理和了解客户需求<br>（4）熟悉品牌推广方案撰写的格式 | 赏析优秀的品牌推广案例 | 4 |
| 2 | 品牌推广策略 | 21-01、<br>21-02、<br>21-06-01～<br>21-06-04、<br>21-11-01～<br>21-11-20 | （1）熟悉品牌推广策略的基础知识<br>（2）了解导入期、成长期、全盛期和衰落期的品牌推广策略<br>（3）熟悉品牌推广的推广形象定位<br>（4）熟悉品牌推广的目标消费者定位<br>（5）熟悉品牌推广的产品诉求点<br>（6）品牌维护阶段，维护和提高品牌推广的效果<br>（7）熟悉战略整体规划：市场分析、竞争分析、受众分析、品牌与产品分析、独特销售主张提炼、创意策略制定、整体运营步骤规划、投入和预期设定<br>（8）熟悉广告表现策略、媒体运用策略、促销活动策略、公关活动策略<br>（9）能撰写品牌推广方案 | 模拟品牌推广案例，如网站品牌推广，强调品牌定位、品牌传播、品牌延伸、品牌创新 | 24 |

续上表

| 序号 | 学习任务 | 职业能力 | 知识、技能、态度要求 | 教学活动设计 | 学时 |
|---|---|---|---|---|---|
| 3 | 品牌推广基本操作模式 | 18-02~18-06 | （1）熟悉品牌宽度推广阶段的品牌推广模式，了解品牌的基本内涵（产品、品牌文化等），掌握推广方法，如广告宣传、活动、事件传播等<br>（2）熟悉品牌深度推广阶段的品牌推广模式，以品牌文化为宗旨，塑造能打动目标消费者的、得到消费者认同的品牌文化 | 模拟事件传播案例，如开学季事件传播等 | 20 |
| 4 | 品牌推广方式 | 17-01-01~17-01-03、17-02-01、17-02-02、18-01 | （1）熟悉品牌推广的消费者推广方式<br>（2）熟悉品牌推广的营销推广方式<br>（3）熟悉品牌推广的交易推广方式<br>（4）具有绿色设计的理念<br>（5）能利用色彩设计有效激发消费者强烈的购买欲<br>（6）能用文字、图形、色彩有效表达设计卖点<br>（7）能准确分析展示内容规划并确定设计形式<br>（8）能利用色彩元素来牵引欣赏者的视觉<br>（9）能合理摆放各类促销广告<br>（10）熟悉媒体的语言<br>（11）了解各种媒介传播特性和主要媒介机构广告部的运作情况<br>（12）熟悉品牌推广的促销应用技巧<br>（13）熟悉品牌推广的媒体发布技巧 | 产品推广案例实践，如饮料销售现场促销或完成一份产品上市推广策划方案 | 24 |
| | 合　计 | | | | 72 |

注："职业能力"栏目填写的职业能力编码与附录"1. 美术设计与制作专业—广告设计与制作专业职业能力分析表"中的编码对应。

## 八、资源开发与利用

注重多媒体课件、教学视频等常用课程资源和现代化教学资源的开发和利用,这些资源有利于创设形象生动的工作情境,激发学生的学习兴趣,促进学生对知识的理解和掌握。同时,建议加强常用课程资源的开发,建立多媒体课程资源的数据库,努力实现跨学校多媒体资源共享,提高课程资源利用效率。

### (一)教材编写与使用

建议由一线专业教师和行业专家依据本课程标准编写教材。基本要求有以下四个方面:

(1)结合广告设计专业的知识学习和岗位职业能力的培养,依据本课程标准编写教材。

(2)教材注重岗位职业能力培养,以项目驱动任务,以实际任务为引领,结合策划方案以品牌推广为主线,根据学生的认知特点,通过案例分析、模拟训练等项目来编写教材。

(3)教材图文并茂,语言深入浅出。

(4)教材内容与时俱进,引用国内外最新的资源,案例典型,具有可操作性。

### (二)数字化资源开发与利用

(1)积极开发和利用网络课程资源,充分利用诸如电子书籍、电子期刊、数据库、数字图书馆、教育网站和电子论坛等网络信息资源,使教学从单一媒体向多种媒体转变,教学活动从信息的单向传递向双向交换转变,学生从单独学习向合作学习转变。同时应积极创造条件搭建远程教学平台,扩大课程资源的交互空间。

(2)产学合作开发实验实训课程资源,充分利用本行业典型的企业资源,加强产学合作,建立实习实训基地,实践工学交替,满足学生的实习实训需求,同时为学生提供就业机会。

## 九、教学建议

### (一)教学方法

以项目驱动任务,以岗位实际工作任务为主线展开教学活动过程。

(1)在教学过程中结合项目的策划方案,以品牌推广为主线,通过模拟案例分析、模拟训练等项目,使学生掌握品牌推广的方法与技巧。

(2)采用由浅入深、循序渐进的教学模式,让学生在完成项目制作的同时掌握相关的知识点,充分体现"做中学、学中做"的职业教学理念。

(3)应用多种教学方法,激发学生的学习兴趣,培养学生独立学习的能力。

## （二）教学条件

（1）提供多媒体课室，结合视频教学媒体授课。

（2）提供实训室。实训场地有教室和实训机房，主要设备包括：配备双核以上中央处理器、内存 2 G、硬盘 120 G 以上的电脑主机，21 英寸显示器，配置网络教学系统，安装有 Photoshop、CorelDRAW、Word、Excel、Powerpoint 等软件。

## 十、教学评价

注重过程考核，采用项目考核与综合考核相结合的方式，项目考核在每个项目完成后进行，综合考核在整个课程结束后进行，主要让学生运用在各个项目中学会的技能进行综合项目的制作。（见表 2-50）

表 2-50　项目考核

| 项目 | 考核形式 | 考核要求 | 分值 |
| --- | --- | --- | --- |
| 答辩的综合表现 | PPT 汇报 | 良好的仪表仪态、准备工作充分、思路清晰、观点明确 | 20 |
| 品牌推广方案书编制 | 作品 | 目标明确、结构清晰、提供明确的细节解决方案、方案能有效执行 | 30 |
| 活动策划模拟项目表现 | 作品 | 目标明确、结构清晰、熟悉品牌推广基本操作模式、活动策划项目有效执行 | 40 |
| 出勤 | — | | 10 |
| 合　计 | | | 100 |

（撰稿人：温建良）

# 高职学段：广告策划方向项目实训课程标准

## 一、课程名称

广告策划方向项目实训。

## 二、适用专业

本课程既适用于中高职衔接的高职广告设计与制作专业，也适用于高职艺术设计专业。

## 三、课程性质

本课程是高职学段广告设计与制作专业的广告策划专业方向课程之一，作为综合实践技能型课程，其目的是通过项目实训使学生全面掌握广告策划具体项目运作的原理、方法、流程，能有效完成产品品牌形象、产品促销活动、主题活动的广告策划，撰写广告策划书，完成项目相关的广告设计与制作，培养学生成为从事广告策划职业岗位实际工作的专业技术和职业能力专业的广告策划人才。

## 四、课程设计

本课程主要培养学生的广告策划具体项目运作能力。

### （一）前后课程的关系

#### 1. 与前置课程的关系

本课程在商业摄影、广告策划与文案、VI 设计、广告设计、宣传品设计、UI 设计、包装设计、网页设计、新媒体广告、品牌设计等专业课程之后开课，学生已经具备了相关的基础广告设计知识和技能，为本课程的设计理论和创意执行奠定了基础。

#### 2. 与后续课程的关系

本课程的后续课程是广告客户服务专业方向项目实训。该课程是通过项目实训，使学生全面掌握在具体项目运作中广告客户服务的方法、流程，能有效完成广告客户服务工作，培养学生成为广告客户服务岗位实际工作的专业技术和职业能力专业的广告人才。

### （二）课程设计的思路

本课程以广告策划项目工作内容为主线，通过不同类型的案例模拟来组织教学，引导学生在模拟项目活动中掌握广告策划具体项目运作的原理、方法、流程。整个课程教学设计由 4 个项目组成，采用由浅入深、循序渐进的教学模式，让学生在完成项目的同时学会广告策划岗位实际工作的专业技术和职业能力。

## 五、课程教学目标

本课程的教学目标同时运用理论与实践相结合的方法，通过项目实践性教学环节，指导学生进行具体的广告策划训练，使学生全面掌握广告策划具体项目运作的原理、方法、流程，能有效完成产品品牌形象、产品促销活动、主题活动的广告策划，撰写广告策划书，完成项目相关的广告设计与制作，使学生能够将其应用到实践之中，为具体广告策划工作服务。

1. 知识目标

（1）熟悉具体项目运作的原则、方法、流程。

（2）能撰写具体品牌的形象、产品促销活动、主题活动的广告策划书。

（3）能理论联系实际进行市场调查与分析，制定广告目标，确定广告任务，进行广告媒体策划，编制广告预算，编制广告计划书。

2. 能力目标

（1）能结合项目分析产品、分析市场、分析竞争对手和目标消费人群。

（2）能合理设计广告策划各环节所需的工作计划表。

（3）能够理论联系实际，能为企业形象、产品上市及产品促销活动进行广告策划，并根据策划项目完成广告创意作品（海报以及各类宣传品）的设计制作，编制一份比较翔实全面的广告策划书。

（4）有效完成产品品牌形象、产品促销活动、主题活动的广告策划，撰写广告策划书，完成项目相关的广告设计与制作。

3. 素质目标

（1）具备自我学习的能力。

（2）具备良好的语言表达能力。

（3）具备沟通及协调的能力。

（4）具备责任心与职业道德素养。

（5）具备开拓创新的能力。

## 六、参考学时与学分

参考学时：102 学时。

参考学分：6 学分。

## 七、课程结构（表 2-51）

表 2-51 课程结构

| 序号 | 学习任务 | 职业能力 | 知识、技能、态度要求 | 教学活动设计 | 学时 |
|---|---|---|---|---|---|
| 1 | 广告职能机构设置 | 01-01、01-02 | （1）广告部岗位<br>（2）熟悉岗位职责<br>（3）熟悉管理制度 | 模拟成立新广告设计公司 | 6 |
| 2 | 产品促销活动策划方案实训 | 02-01～02-04、08-01～08-03、09-01～09-03、21-02、21-06 | （1）产品促销活动策划方案市场现状分析（产品分析、消费者分析、现状分析、市场需求分析）<br>（2）确定产品促销活动策划方案广告战略<br>（3）产品促销活动策划方案年度广告目标描述<br>（4）拟订产品促销活动策划方案的广告创意计划<br>（5）编制产品促销活动策划方案的媒介计划<br>（6）编制产品促销活动策划方案的广告预算<br>（7）产品促销活动策划方案广告效果评估<br>（8）产品促销活动策划方案广告表现（设计海报及活动所需宣传品） | 模拟某产品促销活动策划，如中国电信电话卡开学季促销活动 | 32 |
| 3 | 新产品促销活动策划方案实训 | 04-01～04-03、07-01～07-02、18-01～18-06 | （1）新产品促销活动策划方案市场现状分析（产品分析、消费者分析、现状分析、市场需求分析）<br>（2）确定新产品促销活动策划方案广告战略<br>（3）新产品促销活动策划方案年度广告目标描述<br>（4）拟订新产品促销活动策划方案的广告创意计划<br>（5）编制新产品促销活动策划方案的媒介计划<br>（6）编制新产品促销活动策划方案的广告预算<br>（7）新产品促销活动策划方案广告效果评估<br>（8）新产品促销活动策划方案广告表现（设计海报及活动所需宣传品） | 模拟某新产品促销活动策划，如全新品牌矿泉水促销活动策划、如新品牌农产品促销活动策划 | 32 |

续上表

| 序号 | 学习任务 | 职业能力 | 知识、技能、态度要求 | 教学活动设计 | 学时 |
|---|---|---|---|---|---|
| 4 | 主题活动策划方案实训 | 16-01～16-08 | （1）主题活动策划方案市场现状分析（产品分析、消费者分析、现状分析、市场需求分析）<br>（2）确定主题活动策划方案广告战略<br>（3）主题活动策划方案年度广告目标描述<br>（4）拟订主题活动策划方案的广告创意计划<br>（5）编制主题活动策划方案的媒介计划<br>（6）编制主题活动策划方案的广告预算<br>（7）主题活动策划方案广告效果评估<br>（8）主题活动策划方案广告表现（设计海报及活动所需宣传品） | 模拟主题活动策划项目，如马拉松活动策划、婚礼策划、生日Party活动策划等 | 32 |
| | 合　　计 | | | | 102 |

注：“职业能力"栏目填写的职业能力编码与附录"1. 美术设计与制作专业—广告设计与制作专业职业能力分析表"中的编码对应。

## 八、资源开发与利用

注重多媒体课件、教学视频等常用课程资源和现代化教学资源的开发和利用，这些资源有利于创设形象生动的工作情境，激发学生的学习兴趣，促进学生对知识的理解和掌握。同时，建议加强常用课程资源的开发，建立多媒体课程资源的数据库，努力实现跨学校多媒体资源共享，提高课程资源利用效率。

（一）教材编写与使用

建议由一线专业教师和行业专家依据本课程标准编写教材。基本要求有以下四个方面：

（1）结合广告设计专业的知识学习和岗位职业能力的培养，依据本课程标准编写教材。

（2）教材注重岗位职业能力培养，以项目驱动任务，以实际任务为引领，结合策划方案以平面广告作品的创作、制作为主线，根据学生的认知特点，通过案例分析、模拟训练等项目来编写教材。

（3）教材图文并茂，语言深入浅出。

（4）内容与时俱进，引用国内外最新的资源，案例典型，具有可操作性。

## （二）数字化资源开发与利用

（1）积极开发和利用网络课程资源，充分利用诸如电子书籍、电子期刊、数据库、数字图书馆、教育网站和电子论坛等网络信息资源，使教学从单一媒体向多种媒体转变，教学活动从信息的单向传递向双向交换转变，学生从单独学习向合作学习转变。同时应积极创造条件搭建远程教学平台，扩大课程资源的交互空间。

（2）产学合作开发实验实训课程资源，充分利用本行业典型的企业资源，加强产学合作，建立实习实训基地，实践工学交替，满足学生的实习实训需求，同时为学生提供就业机会。

## 九、教学建议

### （一）教学方法

以项目驱动任务，以实际任务为引领展开教学活动过程。

（1）在教学过程中结合实际项目，通过模拟案例分析、模拟训练等项目，使学生掌握广告策划与文案的方法与技巧。

（2）建议学生以小组为单位集体完成小组项目；课堂教学提倡学生交流与互动、团队合作、分享心得、相互促进；应用多种教学方法，激发学生的学习兴趣，培养学生独立学习的能力。

（3）建议每个实训项目结束后举办学生作品展示。

### （二）教学条件

利用多媒体课室，结合视频教学媒体授课。

## 十、教学评价

注重过程考核，采用项目考核与综合考核相结合的方式，项目考核在每个项目完成后进行，综合考核在整个课程结束后进行，主要让学生运用在各个项目中掌握的技能进行综合项目的制作。（见表2-52）

表2-52　项目考核

| 项目 | 考核形式 | 考核要求 | 分值 |
| --- | --- | --- | --- |
| 广告职能机构设置 | PPT | 广告职能机构设置合理，团队建设完成 | 20 |
| 产品促销活动策划方案实训 | 作品 | 作品表现主题突出，具有商业表现力和艺术表现力；排版的成品按照印刷工艺要求输出 | 20 |
| 新产品促销活动策划方案实训 | 作品 | 作品表现主题突出，满足功能需求 | 20 |

续上表

| 项目 | 考核形式 | 考核要求 | 分值 |
|---|---|---|---|
| 主题活动策划方案实训 | 作品 | 作品表现主题突出，具有商业表现力和艺术表现力；排版的成品按照印刷工艺要求输出 | 30 |
| 出勤 | | — | 20 |
| 合　计 | | | 100 |

（撰稿人：钟卓丽）

# 高职学段：广告客户服务方向项目实训课程标准

## 一、课程名称

广告客户服务方向项目实训。

## 二、适用专业

本课程既适用于中高职衔接的高职广告设计与制作专业，也适用于高职艺术设计专业。

## 三、课程性质

本课程是高职学段广告设计与制作专业的广告客户服务专业方向课程。作为综合实践技能型课程，其目的是通过项目实训使学生全面掌握在具体项目运作中广告客户服务的方法、流程，能有效完成广告客户服务工作，培养学生成为广告客户服务岗位实际工作的专业技术和职业能力专业的广告人才。

## 四、课程设计

本课程主要培养学生在具体项目运作过程中广告客户服务能力。

### （一）前后课程的关系

**1. 与前置课程的关系**

本课程在商业摄影、广告策划与文案、VI 设计、广告设计、宣传品设计、UI 设计、包装设计、网页设计、新媒体广告、品牌推广、广告策划专业方向项目实训等专业课程之后开课，学生已经具备了相关基础的广告设计知识和技能，为本课程的设计理论和创意执行奠定了基础。

**2. 与后续课程的关系**

本课程的后续课程是毕业设计。该课程是学生在校学习的最后一个学习环节，目的是培养和考查学生理论联系实际的能力，要求学生能够综合运用广告设计专业知识，熟悉广告策划、创意、制作、印刷各个环节，培养学生成为专业的广告从业人员。

### （二）课程设计的思路

本课程以具体项目的客户服务工作内容为主线，通过不同类型的案例模拟来组织教学，引导学生在模拟的广告活动中掌握广告客户服务运作的原理、方法、流程。整个课程教学设计由 4 个项目组成，采用由浅入深、循序渐进的教学模式，让学生在完成项目的同时掌握广告客户服务岗位实际工作的专业技术和职业能力。

## 五、课程教学目标

本课程的教学目标同时运用理论与实践相结合的方法,通过设置项目实践性教学环节,指导学生进行具体的广告客户服务项目训练,使学生全面掌握广告客户服务运作的原理、方法、流程,能有效完成调研、创意制作、媒介的广告客户服务工作;使学生能够将其应用到实践之中,为具体的广告客户服务工作服务。

1. **知识目标**
（1）熟悉广告活动中客户服务工作的原则、方法、流程。
（2）熟悉广告活动中客户服务的工作内容。

2. **能力目标**
（1）能有效进行业务沟通,协调广告客户与广告公司间的关系。
（2）能合理设计广告客户服务工作的工作计划表及工作简报。
（3）能有效解决与广告客户有关业务、预算,广告表现形式的问题。
（4）能根据项目组要求协调项目组内部沟通与执行日常工作。

3. **素质目标**
（1）具备自我学习的能力。
（2）具备良好的语言表达能力。
（3）具备沟通与协调的能力。
（4）具备责任心与职业道德素养。
（5）具备开拓创新的能力。

## 六、参考学时与学分

参考学时：102 学时。
参考学分：6 学分。

## 七、课程结构（见表 2-53）

表 2-53　课程结构

| 序号 | 学习任务 | 职业能力 | 知识、技能、态度要求 | 教学活动设计 | 学时 |
|---|---|---|---|---|---|
| 1 | 广告公司客户服务部团队建设 | 01-02 | （1）广告部岗位设置［客户（AE）团队的组织架构、管理制度］<br>（2）熟悉客户服务部不同层次的岗位职责<br>（3）熟悉公司工作流程（内部沟通和探讨,客户背景分析、整理和发展各方面意见,起草工作要求、分配、协调、监督）<br>（4）能正确填写任务单 | 模拟成立广告设计公司 | 6 |

续上表

| 序号 | 学习任务 | 职业能力 | 知识、技能、态度要求 | 教学活动设计 | 学时 |
|---|---|---|---|---|---|
| 2 | 调研项目客户服务实训 | 02-01、02-03、02-04、07-01、07-02、21-02、21-03-04~21-03-07、21-06、21-07 | （1）熟悉调研项目中客户服务的工作职责<br>（2）了解调研项目客户服务的工作内容<br>（3）能设计调研工作简报<br>（4）能整理调研项目会议纪要<br>（5）掌握接听公司客户电话用语规范<br>（6）掌握调研项目中客户服务日常工作的工作流程与方法<br>（7）能制订项目各项工作计划<br>（8）具有高度的责任感、良好的团队意识和协作能力 | 模拟调研项目中的客户服务工作，如某品牌包装开发市场调研 | 32 |
| 3 | 创意制作项目客户服务实训 | 02-02、07-01、07-02、21-02、21-03-04~21-03-07、21-06、21-07 | （1）熟悉创意制作项目中客户服务工作职责<br>（2）了解创意制作项目的客户服务工作内容（接收客户指令、获取产品信息、计划会议时间日程）<br>（3）能设计创意制作项目工作简报<br>（4）能整理创意制作项目会议纪要<br>（5）掌握接听公司客户电话用语规范<br>（6）掌握调研项目的客户服务日常工作的执行工作流程与方法<br>（7）能制订项目各项工作计划<br>（8）具有良好的沟通表达、解决问题能力<br>（9）具有高度的责任感、良好的团队意识和协作能力 | 模拟广告创意及制作项目中的客户服务工作，如品牌标志设计、各类宣传品设计项目的客户服务岗位工作 | 32 |

续上表

| 序号 | 学习任务 | 职业能力 | 知识、技能、态度要求 | 教学活动设计 | 学时 |
|---|---|---|---|---|---|
| 4 | 媒介项目客户服务实训 | 04-01~04-03、07-01、07-02、21-02、21-03-04~21-03-07、21-06、21-07 | （1）熟悉媒介项目中客户服务工作职责<br>（2）了解媒介项目客户服务工作内容（项目预算、报价）<br>（3）设计创意工作简报<br>（4）能整理会议纪要<br>（5）掌握接听公司客户电话用语规范<br>（6）掌握媒介项目中客户服务日常工作的工作流程与方法<br>（7）能制订项目各项工作计划<br>（8）具有良好的沟通表达、解决问题的能力<br>（9）具有高度的责任感、良好的团队意识和协作能力 | 模拟媒介项目中的客户服务工作，如某化妆品媒介服务项目 | 32 |
| 合　　计 | | | | | 102 |

注："职业能力"栏目填写的职业能力编码与附录"1. 美术设计与制作专业—广告设计与制作专业职业能力分析表"中的编码对应。

## 八、资源开发与利用

注重多媒体课件、教学视频等常用课程资源和现代化教学资源的开发和利用，这些资源有利于创设形象生动的工作情境，激发学生的学习兴趣，促进学生对知识的理解和掌握。同时，建议加强常用课程资源的开发，建立多媒体课程资源的数据库，努力实现跨学校多媒体资源共享，提高课程资源利用效率。

（一）教材编写与使用

建议由一线专业教师和行业专家依据本课程标准编写教材。基本要求有以下四个方面：

（1）结合广告设计专业的知识学习和岗位职业能力的培养，依据本课程标准编写教材。

（2）教材注重岗位职业能力培养，以项目驱动任务，以实际任务为引领，结合广告活动中的客户服务工作内容为主线，根据学生的认知特点，通过案例分析、模拟训练等项目来编写教材。

（3）教材图文并茂，语言深入浅出。

（4）内容与时俱进，引用国内外最新的资源，案例典型，具有可操作性。

## （二）数字化资源开发与利用

（1）积极开发和利用网络课程资源，充分利用诸如电子书籍、电子期刊、数据库、数字图书馆、教育网站和电子论坛等网络信息资源，使教学从单一媒体向多种媒体转变；教学活动从信息的单向传递向双向交换转变；学生从单独学习向合作学习转变。同时应积极创造条件搭建远程教学平台，扩大课程资源的交互空间。

（2）产学合作开发实验实训课程资源，充分利用本行业典型的企业资源，加强产学合作，建立实习实训基地，实践工学交替，满足学生的实习实训需求，同时为学生提供就业机会。

## 九、教学建议

### （一）教学方法

以项目驱动任务，以实际任务为引领展开教学活动过程。

（1）在教学过程中结合实际项目，通过模拟案例分析、模拟训练等项目，使学生掌握广告客户服务的方法与技巧。

（2）建议学生以小组为单位集体完成小组项目；课堂教学提倡学生交流与互动、团队合作、分享心得、相互促进；应用多种教学方法，激发学生的学习兴趣，培养学生独立学习的能力。

### （二）教学条件

利用多媒体课室，结合视频教学媒体授课。

## 十、教学评价

注重过程考核，采用项目考核与综合考核相结合的方式，项目考核在每个项目完成后进行，综合考核在整个课程结束后进行，主要让学生运用在各个项目中掌握的技能进行综合项目的制作。（见表2-54）

表2-54 项目考核

| 项目 | 考核形式 | 考核要求 | 分值 |
| --- | --- | --- | --- |
| 广告公司客户服务部团队建设 | PPT | 广告职能机构设置合理，团队建设完整 | 20 |
| 调研项目客户服务实训 | 广告调研活动 | 广告调研活动过程完整，主题突出，具有商业价值 | 20 |
| 创意制作项目客户服务实训 | 广告创意制作活动 | 能根据项目组要求协调项目组内部沟通与执行日常工作 | 20 |

**续上表**

| 项目 | 考核形式 | 考核要求 | 分值 |
|---|---|---|---|
| 媒介项目<br>客户服务实训 | 广告媒介活动 | 能根据项目组要求协调项目组内部沟通与执行日常工作 | 30 |
| 出勤 | — | | 10 |
| 合　计 | | | 100 |

（撰稿人：廖荣盛）

# 附　　录

## 1. 美术设计与制作专业—广告设计与制作专业职业能力分析表

| 工作项目/职业素养 | | 工作任务/职业素养分类 | | 职业能力（知识、技能、方法、工具、要求） | | 学习水平 | |
|---|---|---|---|---|---|---|---|
| | | | | | | 中职 $L_i$ | 高职 $L_j$ |
| 01 | 了解公司 | 01-01 | 熟悉公司企业文化 | 01-01-01 | 了解公司企业文化、业务范围、业务特色、发展战略、部门组织架构、工作管理制度 | L1 | L1 |
| | | 01-02 | 掌握公司工作流程 | 01-02-01 | 熟悉公司工作流程，能正确填写任务单 | L1 | L2 |
| 02 | 接见、拜访客户 | 02-01 | 准备资料 | 02-01-01 | 通过网络或其他方式了解客户公司的企业文化 | L1 | L1 |
| | | | | 02-01-02 | 通过互联网等方法搜集项目或业务相关信息 | L1 | L1 |
| | | | | 02-01-03 | 能使用电脑、传真、复印机等设备，整理、制作、打印相关资料并向客户介绍公司相关业务情况的文件 | L1 | L1 |
| | | 02-02 | 接见客户 | 02-02-01 | 能准确把握客户心理和了解客户需求 | L1 | L2 |
| | | | | 02-02-02 | 能礼貌接待客户并进行有效交流 | L2 | L2 |
| | | | | 02-02-03 | 能根据客户需求提交项目建议书 | L1 | L2 |
| | | | | 02-02-04 | 能正确解答客户业务咨询的相关问题 | L1 | L1 |
| | | | | 02-02-05 | 能按公司的接单条目了解客户信息 | L1 | L2 |
| | | | | 02-02-06 | 能准确分析有价值的客户信息 | L1 | L2 |
| | | | | 02-02-07 | 能把控洽谈的节奏及主题 | L1 | L2 |
| | | | | 02-02-08 | 能有效与客户落实洽谈结果。如确定提案的议题、时间、地点等 | L1 | L2 |
| | | | | 02-02-09 | 能及时向领导反馈沟通的信息 | L1 | L2 |

续上表

| 工作项目/<br>职业素养 | 工作任务/<br>职业素养分类 | | 职业能力<br>（知识、技能、方法、工具、要求） | | 学习水平 | |
|---|---|---|---|---|---|---|
| | | | | | 中职<br>Li | 高职<br>Lj |
| 02<br>接见、拜访客户 | 02-03 | 拜访客户 | 02-03-01 | 能制订走访计划，合理安排拜访客户时间 | L1 | L2 |
| | | | 02-03-02 | 能亲自与客户保持有效的联系并进行质量回访 | L1 | L2 |
| | 02-04 | 收集、整理客户资料 | 02-04-01 | 整理客户意见，如内容、执行细节确定、现场效果图、宣传方案确定、物料方案、预算方案（成本/报价）等 | L1 | L2 |
| | | | 02-04-02 | 能索取客户资料，分析汇集素材 | L1 | L1 |
| | | | 02-04-03 | 能利用互联网等方式收集信息，形成客户信息流 | L1 | L1 |
| | | | 02-04-04 | 能有效管理客户档案，如采集、分类、及时更新等 | L1 | L1 |
| 03<br>提案 | 03-01 | 撰写提案（竞标）文档 | 03-01-01 | 参加由策划部门召集的项目讨论会 | L1 | L2 |
| | | | 03-01-02 | 撰写提案文档（项目背景分析、项目定位、目标、基本文案架构、流程与时间安排、项目预算及具体方案等） | L1 | L2 |
| | 03-02 | 整理提案（竞标）素材 | 03-02-01 | 搜集提案素材（图形、视频、案例等） | L1 | L1 |
| | | | 03-02-02 | 利用电脑、复印机等多媒体设备处理提案素材（图形处理、视频剪切等） | L1 | L1 |
| | 03-03 | 设计提案（竞标）素材 | 03-03-01 | 设计提案辅助平面设计展示（提案封面、排版模板、PPT模板等） | L1 | L1 |
| | | | 03-03-02 | 制作提案会议PPT课件 | L1 | L2 |
| | | | 03-03-03 | 能按照要求印制提案文档、设计样本、相应工艺说明样本 | L1 | L1 |
| | 03-04 | 参加提案（竞标） | 03-04-01 | 与客户对接协商安排提案日期、方式，确定双方列席人员 | L1 | L1 |
| | | | 03-04-02 | 参加项目意向提案 | L1 | L2 |
| 04<br>项目预算、报价 | 04-01 | 撰写分析报告 | 04-01-01 | 能实地考察客户企业及环境 | L1 | L2 |
| | | | 04-01-02 | 能明晰客户所需服务项目及规格工艺要求，如摄影、设计、印刷、送货等 | L1 | L1 |
| | | | 04-01-03 | 能按照分析报告规格撰写项目分析报告 | L1 | L2 |

续上表

| 工作项目/<br>职业素养 | 工作任务/<br>职业素养分类 | | 职业能力<br>（知识、技能、方法、工具、要求） | | 学习水平 | |
|---|---|---|---|---|---|---|
| | | | | | 中职<br>L$i$ | 高职<br>L$j$ |
| 04<br>项目预算、报价 | 04-02 | 项目预算 | 04-02-01 | 能对项目进行准确的成本及利润核算 | L2 | L3 |
| | | | 04-02-02 | 能制作估价单 | L2 | L3 |
| | | | 04-02-03 | 能制作成本控制表格 | L2 | L3 |
| | 04-03 | 项目报价 | 04-03-01 | 能根据客户需求以及项目成本合理报价 | L1 | L2 |
| | | | 04-03-02 | 能与客户进行有效协商，合理调价 | L1 | L2 |
| 05<br>签订合同 | 05-01 | 签订合同 | 05-01-01 | 向客户报价，征得其同意并签字 | L1 | L2 |
| | | | 05-01-02 | 熟悉合同、保险以及相关法律法规知识 | L1 | L2 |
| | | | 05-01-03 | 协助领导规范签订合同并进行合作协议书解释 | L1 | L2 |
| 06<br>收款、结算 | 06-01 | 收取预付款 | 06-01-01 | 按公司工作章程协助领导向客户收取20%~50%预付款 | L1 | L2 |
| | | | 06-01-02 | 执行公司财务制度，规范收款，开具票据 | L1 | L2 |
| | | | 06-01-03 | 了解基本的财务知识，汇总每日账目 | L1 | L2 |
| | 06-02 | 催款、结算 | 06-02-01 | 及时向客户催收尾款 | L1 | L2 |
| | | | 06-02-02 | 有效协助公司财务做好催款、结算工作 | L2 | L3 |
| 07<br>制订工作项目启动计划 | 07-01 | 项目下单 | 07-01-01 | 拟写并录入项目文本资料 | L1 | L1 |
| | | | 07-01-02 | 接收客户提供的文件资料 | L1 | L1 |
| | | | 07-01-03 | 整理并归档业务基本信息，如客户名称、联系人、联系办法、业务基本开本、材料、工艺要求等 | L1 | L1 |
| | | | 07-01-04 | 整理信息并及时向上级或相关部门反馈信息 | L1 | L2 |
| | | | 07-01-05 | 制作工作简报 | L1 | L2 |
| | | | 07-01-06 | 及时转发、递送资料给相关部分或人员 | L1 | L1 |

续上表

| 工作项目/<br>职业素养 | 工作任务/<br>职业素养分类 | | 职业能力<br>(知识、技能、方法、工具、要求) | | 学习水平 | |
|---|---|---|---|---|---|---|
| | | | | | 中职<br>Li | 高职<br>Lj |
| 07 | 制订工作项目启动计划 | 07-02 | 设计项目执行方案 | 07-02-01 | 能针对项目需求设计合理的工作计划,如按业务按部门、人员分工,明确责任到人及日程要求 | L1 | L2 |
| | | | | 07-02-02 | 分发及打印任务单(一式三份,一份留档备查,一份交客户,一份交内部运行) | L1 | L1 |
| | | | | 07-02-03 | 制作各环节工作量汇总表 | L1 | L2 |
| | | | | 07-02-04 | 制作质量评价信息表(含质量、效率、客户满意度等) | L1 | L2 |
| | | | | 07-02-05 | 制订具体执行计划,如工作日志 | L3 | L3 |
| 08 | 项目分析 | 08-01 | 市场调研 | 08-01-01 | 掌握市场调研的基本流程与方法 | L2 | L2 |
| | | | | 08-01-02 | 制作调研计划 | L1 | L2 |
| | | | | 08-01-03 | 制作调研问卷 | L1 | L2 |
| | | | | 08-01-04 | 通过互联网、问卷、面谈、电话等形式进行市场调研 | L2 | L1 |
| | | | | 08-01-05 | 搜集、整理调研问卷 | L1 | L1 |
| | | | | 08-01-06 | 分析调研数据 | L1 | L2 |
| | | | | 08-01-07 | 撰写调研报告 | L1 | L2 |
| | | 08-02 | 客情分析 | 08-02-01 | 实地考察客户企业及环境 | L3 | L3 |
| | | | | 08-02-02 | 制作客情分析表 | L3 | L3 |
| | | | | 08-02-03 | 参加客情分析讨论会 | L2 | L2 |
| | | | | 08-02-04 | 用表格、文档或PPT的形式汇总分析结论 | L2 | L2 |
| | | 08-03 | 创意分析 | 08-03-01 | 参加客户部、创意部制作人员的内部讨论会 | L2 | L2 |
| | | | | 08-03-02 | 能提炼项目资料的核心创意关键词 | L2 | L2 |
| | | | | 08-03-03 | 能用图片、口述、手稿相结合的方式进行创意的呈现 | L2 | L2 |
| | | | | 08-03-04 | 能够遵循头脑风暴法的规则,以规定的课题和目标为中心,制作详细的想法表格,为小组研究与解决问题提供想法 | L2 | L2 |

续上表

| 工作项目/<br>职业素养 | | 工作任务/<br>职业素养分类 | | 职业能力<br>（知识、技能、方法、工具、要求） | | 学习水平 | |
| --- | --- | --- | --- | --- | --- | --- | --- |
| | | | | | | 中职 | 高职 |
| | | | | | | L<sub>i</sub> | L<sub>j</sub> |
| 08 | 项目<br>分析 | 08-03 | 创意分析 | 08-03-05 | 能以规定的课题和目标为中心发表个人创意想法 | L2 | L2 |
| | | | | 08-03-06 | 能分析与评估项目组所提出的想法 | L2 | L2 |
| | | | | 08-03-07 | 能把小组讨论得出的构思想法按照优劣的排序方式，对每个构思想法进行排序 | L2 | L2 |
| 09 | 项目<br>策划 | 09-01 | 撰写创意<br>策划方案 | 09-01-01 | 能掌握策划方案的撰写方法 | L2 | L2 |
| | | | | 09-01-02 | 能撰写创意策划方案架构 | L1 | L2 |
| | | | | 09-01-03 | 能根据项目意向撰写创意策划方案 | L1 | L2 |
| | | | | 09-01-04 | 能对广告语言进行创作、修改 | L2 | L2 |
| | | | | 09-01-05 | 及时向上级提交创意策划方案申请，进行内部审核 | L2 | L2 |
| | | | | 09-01-06 | 聆听上级以及各方面人员对创意策划方案的修改意见和要求 | L1 | L2 |
| | | | | 09-01-07 | 撰写可操作的创意策划方案 | L1 | L2 |
| | | | | 09-01-08 | 设计策划方案的提案辅助平面设计展示（封面、PPT模板等） | L2 | L2 |
| | | | | 09-01-09 | 按策划方案标准格式要求，对创意策划方案进行排版 | L2 | L2 |
| | | 09-02 | 编制<br>工作表 | 09-02-01 | 根据项目要求编制工作计划和时间进度表 | L2 | L2 |
| | | 09-03 | 策划方<br>案/提案 | 09-03-01 | 与客户协商提案日期、方式，确定双方列席人员 | L2 | L2 |
| | | | | 09-03-02 | 参加项目意向提案会议 | L2 | L2 |
| | | | | 09-03-03 | 能按照策划方案内容，答疑现场客户 | L2 | L2 |
| | | | | 09-03-04 | 与客户共同分析存在的问题和难点，商定可行的解决方案 | L2 | L2 |
| | | | | 09-03-05 | 能对存在分歧的问题进行分析研究，提出可选择的解决建议 | L2 | L2 |
| | | | | 09-03-06 | 能协助上级与客户就建议书内容（项目目标、框架、主要内容、执行方案、时间计划和初步预算等）进行有效商讨 | L3 | L2 |

续上表

| 工作项目/<br>职业素养 | 工作任务/<br>职业素养分类 | | 职业能力<br>（知识、技能、方法、工具、要求） | 学习水平 | |
|---|---|---|---|---|---|
| | | | | 中职<br>$L_i$ | 高职<br>$L_j$ |
| 10<br>业务<br>沟通 | 10-01 | 领取<br>设计任务 | 10-01-01　能按流程跟进客服部、部门主管、领导直接下达的工作任务 | L1 | L1 |
| | | | 10-01-02　接收主管部门提供的客户资料 | L1 | L1 |
| | | | 10-01-03　保存该客户的项目负责人联系方式，如单位名称和地址、手机号码、QQ号、邮箱等 | L2 | L2 |
| | | | 10-01-04　能正确填写当日《工作日志记录表》 | L1 | L1 |
| | | | 10-01-05　能根据优先级别，安排设计工作 | L2 | L2 |
| | 10-02 | 分析<br>设计任务 | 10-02-01　阅读任务单，明确工作任务及要求 | L1 | L1 |
| | | | 10-02-02　确认设计时间及作品完稿顺序和完稿时间 | L1 | L1 |
| | | | 10-02-03　分析客户提供信息，检查资料是否齐全 | L2 | L2 |
| | | | 10-02-04　分析客户直接诉求，如性格、喜好、忌讳等因素，作为设计过程中的参考因素 | L2 | L2 |
| | 10-03 | 核对资料 | 10-03-01　通过电话、邮箱、QQ等方式和客户沟通，保存沟通记录 | L2 | L2 |
| | | | 10-03-02　与客户的项目负责人确认客户资料（是否齐全、是否有误、是否需要更新与补充） | L2 | L2 |
| | | | 10-03-03　能在客户提出与工作单内容不相符的设计要求时及时向上级部门反馈 | L2 | L2 |
| 11<br>设计<br>初稿 | 11-01 | 设计构思 | 11-01-01　建立创意想法素材库，包括行业成功案例、收集与创意想法整理的相关意向的图片等 | L1 | L1 |
| | | | 11-01-02　能提出搜索的设计素材的明确的图片意向 | L2 | L2 |
| | | | 11-01-03　通过互联网、书籍等方式准确到位地搜索图片 | L1 | L1 |
| | | | 11-01-04　根据策划方案的要求手绘表现创意草图 | L2 | L3 |

续上表

| 工作项目/<br>职业素养 | 工作任务/<br>职业素养分类 | | 职业能力<br>（知识、技能、方法、工具、要求） | 学习水平 | |
|---|---|---|---|---|---|
| | | | | 中职 | 高职 |
| | | | | L$i$ | L$j$ |
| 11<br>设计<br>初稿 | 11-02 | 电脑制作 | 11-02-01 | 能对图片进行必要的调整（严格按照设计标准进行如扫描、描图、修图、调色等工作） | L1 | L1 |
| | | | 11-02-02 | 能按客户实际尺寸要求用 Photoshop、Illustrator、CorelDRAW 等设计软件设定版面 | L1 | L1 |
| | | | 11-02-03 | 能准确无误地将文案、图片等资料导入设计页面 | L1 | L1 |
| | | | 11-02-04 | 能对策划部提供的有关资料和意见加以分析，依照广告计划的要求，配合消费者的心理，完善创意方案 | L1 | L2 |
| | | | 11-02-05 | 能设计一至两款版式设计样稿 | L1 | L1 |
| | | | 11-02-06 | 参与小组成员讨论会，将初稿汇集，开会讨论设计方案 | L1 | L1 |
| | | | 11-02-07 | 能将设计样稿交设计主管审核 | L1 | L1 |
| 12<br>项目<br>提案 | 12-01 | 预约提案 | 12-01-01 | 预约提案时间、地点、提案方式 | L1 | L1 |
| | | | 12-01-02 | 确定双方出席提案会的核心人员 | L1 | L1 |
| | | | 12-01-03 | 确认提案的方式（邮寄作品集、线上展示、客户恳谈会、提案展示，以及包含客户的酒会和提前的邀请函、电子邮件、客户拜访综合的活动等） | L2 | L2 |
| | 12-02 | 设计提案 | 12-02-01 | 制定提案的策略 | L1 | L2 |
| | | | 12-02-02 | 拟定提案框架 | L1 | L2 |
| | | | 12-02-03 | 确定提案的目标 | L1 | L2 |
| | 12-03 | 制作提案方案 | 12-03-01 | 能通过 PPT 演示文稿，结合动画、视频等方式设计提案 | L1 | L2 |
| | | | 12-03-02 | 能用分析数据、信息表格、铺陈故事，展示提案 | L1 | L2 |
| | | | 12-03-03 | 能根据会场的环境控制展示文档字号大小，如一个小型会议（12人以内）可以选择 24 PT 的字号 | L1 | L1 |
| | | | 12-03-04 | 能设计整体结构合理，布局均衡 PPT 演示文稿 | L2 | L2 |
| | | | 12-03-05 | 能提供 2~3 个可执行性方案 | L1 | L2 |

续上表

| 工作项目/<br>职业素养 | 工作任务/<br>职业素养分类 | | 职业能力<br>（知识、技能、方法、工具、要求） | | 学习水平 | |
|---|---|---|---|---|---|---|
| | | | | | 中职<br>$L_i$ | 高职<br>$L_j$ |
| 12<br>项目<br>提案 | 12-04 | 准备提案 | 12-04-01 | 了解提案流程 | L1 | L1 |
| | | | 12-04-02 | 掌握提案技巧 | L1 | L2 |
| | | | 12-04-03 | 能做好呈现提案前期工作，如展示文稿的设计、发送邀请函、电子邮件、客户拜访 | L2 | L2 |
| | | | 12-04-04 | 能提前了解提案呈现会场环境的投影面积、座位摆放、话筒音量，准备好笔记本等多媒体设备、名片、纸币、会议资料等 | L1 | L1 |
| | | | 12-04-05 | 能做好个人形象搭配（服饰、表情、恰当的语言表达） | L1 | L2 |
| | 12-05 | 提案呈现 | 12-05-01 | 能迅速分析现场情况，进入提案角色，在提案过程中如发现问题，能及时调整演示提案及思路。如发现企业不太喜欢红色，能迅速替换提案文档的背景色 | L1 | L2 |
| | | | 12-05-02 | 能认真倾听、记录参与提案的企业人员的提问，并能引导他们向积极方向思考 | L1 | L2 |
| | | | 12-05-03 | 能从专业的角度与客户进行项目探讨 | L1 | L2 |
| | | | 12-05-04 | 给客户讲解设计创意思路，倾听客户反馈建议 | L1 | L2 |
| | | | 12-05-05 | 能根据客户反馈合理性意见调整创意方向 | L1 | L2 |
| | | | 12-05-06 | 能与客户达成一致思路，确定创意方向、设计风格，提案定稿 | L1 | L2 |
| | | | 12-05-07 | 能落实后续工作细节，如调整项目的时间进程表 | L1 | L2 |
| 13<br>创意<br>执行 | 13-01 | 客户沟通 | 13-01-01 | 倾听客户需求，通过书面等方式做好沟通记录 | L1 | L1 |
| | | | 13-01-02 | 能分析直接客户（合同甲方）直接诉求，如设计要求（印品规格及主要工艺），考虑其性格、喜好、忌讳等因素，作为设计过程中的参考依据 | L1 | L1 |

续上表

| 工作项目/<br>职业素养 | 工作任务/<br>职业素养分类 | | 职业能力<br>（知识、技能、方法、工具、要求） | | 学习水平 | |
|---|---|---|---|---|---|---|
| | | | | | 中职 | 高职 |
| | | | | | $L_i$ | $L_j$ |
| 13 | 创意<br>执行 | 13-01 客户沟通 | 13-01-03 | 能在客户提出与工作单内容不相符的设计要求时及时向上级部门反馈 | L1 | L1 |
| | | | 13-01-04 | 能确认设计信息是否齐全、正确，及时与相关人员沟通，确认设计信息。如名称、设计内容、规格尺寸、照片、完成时间、其他设计要求等 | L1 | L1 |
| | | | 13-01-05 | 确认设计时间及作品完稿顺序和完稿时间 | L1 | L1 |
| | | 13-02 分析设计项目 | 13-02-01 | 了解项目及项目的受众对象 | L1 | L1 |
| | | | 13-02-02 | 明确项目主题 | L1 | L1 |
| | | 13-03 准备设计资料 | 13-03-01 | 分析、归类客户提供的素材 | L1 | L1 |
| | | | 13-03-02 | 通过互联网、照相机、扫描仪等方式采集与主题创作有关的图像素材 | L1 | L1 |
| | | | 13-03-03 | 通过手绘、雕刻等手段准备设计素材 | L1 | L2 |
| | | 13-04 设计草图 | 13-04-01 | 在团队主创指导下充分理解项目思路 | L1 | L2 |
| | | | 13-04-02 | 运用手绘草图的方式帮助构思、版面规划 | L1 | L2 |
| | | | 13-04-03 | 设计10~20张不同编排方法和方案进行整合的1/8或1/4尺寸的小草图（主要表现整体构图效果） | L1 | L1 |
| | | | 13-04-04 | 讨论或征求旁人的草图意见（从中选出数张较好的，依此作为进一步参考） | L1 | L1 |
| | | | 13-04-05 | 通过手绘或电脑从小草图中选定2~3份设计正稿草图 | L1 | L1 |
| | | 13-05 素材导入 | 13-05-01 | 用Photoshop、Illustrator、CorelDRAW等设计软件精确地按输出（含出血位）客户实际尺寸要求设定版面格式 | L1 | L1 |
| | | | 13-05-02 | 将客户提供的文案、图片等资料导入设计页面 | L1 | L1 |

续上表

| 工作项目/<br>职业素养 | 工作任务/<br>职业素养分类 | | 职业能力<br>（知识、技能、方法、工具、要求） | | 学习水平 | |
|---|---|---|---|---|---|---|
| | | | | | 中职<br>Li | 高职<br>Lj |
| 13<br>创意<br>执行 | 13-06 | 素材处理 | 13-06-01 | 将采集的各类素材按设计图片进行处理。如描图、修图、调色等工作 | L1 | L1 |
| | | | 13-06-02 | 依据既定草图和确定的创意概念进行图形创意表现 | L1 | L1 |
| | | | 13-06-03 | 依据既定草图和确定的创意概念进行标题字体创意表现 | L1 | L1 |
| | | | 13-06-04 | 依据既定的草图和确定的创意概念进行色彩创意表现 | L1 | L1 |
| | | | 13-06-05 | 依据既定草图和确定的创意概念进行排版表现 | L1 | L1 |
| | 13-07 | 设计表现 | 13-07-01 | 针对项目形象及美术设计进行创作执行并按时依序完成 | L1 | L1 |
| | | | 13-07-02 | 总体规划印刷品的结构框架。如页码规格设定，内容章节划分，图片表格分配，装订方式、印刷后期主要工艺等因素 | L1 | L1 |
| | | | 13-07-03 | 输入已处理的素材（文字、图案、表格等） | L1 | L1 |
| | | | 13-07-04 | 用电脑按照草图的版面规划将已处理好的图像、图形、文字按照最佳的草图方案进行排版 | L1 | L1 |
| | | | 13-07-05 | 根据自身的专业特点、设计步骤等进行各个阶段或环节的自检。检查项目包括：尺寸、版面元素位置、图形分辨率、文字内容、色彩是否正确等 | L1 | L1 |
| | | | 13-07-06 | 完成初稿设计并提交上级审核通过 | L1 | L1 |
| | | | 13-07-07 | 设计立体展示效果图 | L1 | L1 |
| | 13-08 | 根据客户意见修改稿件 | 13-08-01 | 通过QQ、邮箱等方式发送设计样稿给客户审核确认 | L1 | L1 |
| | | | 13-08-02 | 联系客户，认真听取客户提出的修改意见 | L1 | Lj |
| | | | 13-08-03 | 按照客户反馈信息并修改完成最终设计稿 | L1 | L1 |
| | | | 13-08-04 | 提交设计稿上级或内部审核，确认修改方案 | L1 | L1 |
| | | | 13-08-05 | 给客户发送已修改的样稿并与客户确认设计方案 | L1 | L1 |

续上表

| 工作项目/<br>职业素养 | 工作任务/<br>职业素养分类 | | 职业能力<br>（知识、技能、方法、工具、要求） | 学习水平 | |
|---|---|---|---|---|---|
| | | | | 中职 | 高职 |
| | | | | Li | Lj |
| 14<br>作品后期制作 | 14-01 打印样稿 | 14-01-01 | 打印样稿（黑白稿或彩色稿） | L1 | L1 |
| | | 14-01-02 | 提交样稿给客户进行第一次校对 | L1 | L1 |
| | | 14-01-03 | 根据校对意见，修改作品 | L1 | L1 |
| | | 14-01-04 | 将排版的结果按照印刷工艺要求输出，如规范标明材料、工艺、规格、出血位等 | L1 | L1 |
| | | 14-01-05 | 发送文件到快印公司或者印刷厂打样并装订成册 | L1 | L1 |
| | | 14-01-06 | 检查打样，确认简报及截止日期 | L1 | L1 |
| | | 14-01-07 | 提交文件给协理商，并开始制作文件 | L1 | L1 |
| | | 14-01-08 | 取回制作样稿/样品 | L1 | L1 |
| | 14-02 校对样稿 | 14-02-01 | 校对样稿，如尺寸、版面元素位置、图形分辨率、文字内容、色彩是否正确，版面参考线：书脊、折线、轮廓线等是否齐全 | L1 | L1 |
| | | 14-02-02 | 再次调整样稿，交予客户核对，修改后定稿（2~3次的校对过程） | L1 | L1 |
| | | 14-02-03 | 再次向上级或内部提交样稿进行审核、确认修改方案 | L1 | L1 |
| | | 14-02-04 | 定稿后打印完整的成品小样（包含装订，可手工制作）作为最终稿，交与客户签字，同时确认设计制作数量及具体要求 | L1 | L1 |
| | 14-03 印刷成品 | 14-03-01 | 文件交予制版公司制作胶片样板 | L1 | L1 |
| | | 14-03-02 | 印前最后一次的胶片打样，设计师校对印刷色彩，客户最终签字确认印刷 | L1 | Lj |
| | | 14-03-03 | 将客户确认的设计稿另存为输出格式，同时保留源文件。如CorelDRAW软件保留文字可修改的未转曲版本和转曲的输出格式版本源文件 | L1 | L1 |

续上表

| 工作项目/<br>职业素养 | | 工作任务/<br>职业素养分类 | | 职业能力<br>（知识、技能、方法、工具、要求） | 学习水平 | |
|---|---|---|---|---|---|---|
| | | | | | 中职 Li | 高职 Lj |
| 14 | 作品后期制作 | 14-03 | 印刷成品 | 14-03-04 | 把输出格式版本源文件制作成光盘，并在光盘上注明客户及输出项目名称后交客户部 | L1 | L1 |
| | | | | 14-03-05 | 将输出格式文件交予印刷厂印刷，备注特殊工艺，如覆膜、UV印刷、模切、烫金、起凸等 | L1 | L1 |
| | | 14-04 | 品质监控 | 14-04-01 | 印刷成品验收，根据设计项目的要求确认印刷工艺及效果 | L1 | L1 |
| 15 | 资料归档 | 15-01 | 资料整理 | 15-01-01 | 整理完稿的工作卡，含完整的资料（尺寸、颜色、文案及文件形式等） | L1 | L1 |
| | | | | 15-01-02 | 退还客户所提供的纸质文件及照片等素材，并签字确认签收 | L1 | L1 |
| | | | | 15-01-03 | 电子文件刻盘，包含链接文件、素材等电子资料，印前客户签字稿，印刷成品及客户相关资料 | L1 | L1 |
| | | 15-02 | 后期归档 | 15-02-01 | 将有客户签字确认的估价单、合同等存入档案 | L1 | L1 |
| | | | | 15-02-02 | 将用后之图书、色标、图库等资料归回原位 | L1 | L1 |
| | | | | 15-02-03 | 整理客户文件资料，建立固定的单独文件夹 | L1 | L1 |
| | | | | 15-02-04 | 对项目的设计素材汇总并分类整理素材库 | L1 | L1 |
| | | | | 15-02-05 | 对本部门印刷品及制作品归档整理、存档 | L1 | L1 |
| 16 | 活动执行 | 16-01 | 项目接洽 | 16-01-01 | 准备公司宣传册及相关资料 | L1 | L1 |
| | | | | 16-01-02 | 了解项目规模、场地及其可操作性、合作方关键人物、组织机构、合作意向、资金条件以及客户的想法和建议 | L1 | L1 |
| | | | | 16-01-03 | 制作PPT文档，内容包括：项目初步策划案框架（活动主题、形式、主要内容建议；执行流程安排；大体预算） | L1 | L1 |

续上表

| 工作项目/<br>职业素养 | 工作任务/<br>职业素养分类 | | 职业能力<br>(知识、技能、方法、工具、要求) | | 学习水平 | |
| --- | --- | --- | --- | --- | --- | --- |
| | | | | | 中职<br>$L_i$ | 高职<br>$L_j$ |
| 16<br>活动<br>执行 | 16-01 | 项目接洽 | 16-01-04 | 获取客户对活动的具体要求及意见、项目重点及难点、客户的倾向性 | L1 | L1 |
| | | | 16-01-05 | 根据客户意见修改策划方案(包含策划执行方案、宣传策划案;详细预算) | L1 | L1 |
| | | | 16-01-06 | 准备汇报用的投影仪、手提电脑、方案PPT文档等 | L1 | L1 |
| | | | 16-01-07 | 打印策划文案并装订成册 | L1 | L1 |
| | | | 16-01-08 | 编写汇报流程表,内容包括场地、会场工作人员等 | L1 | L1 |
| | | | 16-01-09 | 协助上级签订项目合同 | L1 | L1 |
| | | | 16-01-10 | 明确活动意向(活动的目的、内容、形式、时间、地点、活动形式等) | L1 | L1 |
| | 16-02 | 活动项目分析 | 16-02-01 | 分析项目要求(地址、参与人员以及活动执行过程中会涉及食宿、交通、灯光、音响、舞台、服装、道具、录制等) | L2 | L2 |
| | | | 16-02-02 | 进行实地市场考察 | L2 | L2 |
| | | | 16-02-03 | 搜集和整理项目所需素材(租金、城管部门的审批表等) | L1 | L1 |
| | | | 16-02-04 | 参加由策划、文案、媒介、执行人员等组成的项目讨论会 | L1 | L1 |
| | 16-03 | 撰写活动方案 | 16-03-01 | 撰写活动策划方案,内容应包括成本预算 | L3 | L3 |
| | | | 16-03-02 | 制作PPT策划方案向客户提案、创意阐述 | L3 | L3 |
| | | | 16-03-03 | 整理与收集客户意见,讨论及修改活动方案 | L3 | L3 |
| | | | 16-03-04 | 根据修改后的活动方案考察活动场地 | L3 | L3 |
| | | | 16-03-05 | 提交修改后的活动方案并与客户签字确认 | L3 | L3 |
| | | | 16-03-06 | 根据活动方案要求,落实签订活动场地使用协议 | L3 | L3 |

续上表

| 工作项目/<br>职业素养 | 工作任务/<br>职业素养分类 | 职业能力<br>（知识、技能、方法、工具、要求） | | 学习水平 | |
|---|---|---|---|---|---|
| | | | | 中职<br>Li | 高职<br>Lj |
| 16<br>活动<br>执行 | 16-04<br>撰写详细<br>执行方案 | 16-04-01 | 能用甘特图表的方式制定以时间安排和节点控制为基础的活动流程表 | L3 | L3 |
| | | 16-04-02 | 能把活动管理各个区域的工作分解成为单个易于管理的任务或活动 | L2 | L2 |
| | | 16-04-03 | 能对每一项任务设置时间段（考虑开始和结束的时间） | L2 | L2 |
| | | 16-04-04 | 确定任务的优先顺序 | L2 | L2 |
| | | 16-04-05 | 能在图表中标记重要的任务节点 | L2 | L2 |
| | | 16-04-06 | 能把每一项任务对应的参与人员，合理安排在节点处（含联系电话） | L2 | L2 |
| | 16-05<br>项目筹备 | 16-05-01 | 打印并分发详细的执行方案 | L1 | L1 |
| | | 16-05-02 | 能按执行方案的要求及时跟进活动宣传资料的设计与制作流程，如邀请函和节目单、背景海报、展板等 | L2 | L2 |
| | | 16-05-03 | 能按执行方案的要求通过电话等方式联系媒体，落实与会人员名单及联系方式 | L2 | L2 |
| | | 16-05-04 | 能按执行方案的要求准备好活动现场所需物品。如水、花、灯光、音响设备、桌椅、礼品及根据活动场地的大小设置1台或多台专业的拍摄像机、摄影机、背景音乐等 | L2 | L2 |
| | | 16-05-05 | 能按执行方案要求管理好活动现场所需物品 | L2 | L2 |
| | 16-06<br>活动现场<br>布置 | 16-06-01 | 能按执行方案的要求组织参与人员提前熟悉环境 | L2 | L2 |
| | | 16-06-02 | 能按执行方案的要求指挥工程部门布置好活动现场，如安排座位表、悬挂条幅、张贴海报、设置气拱门、电子屏幕等 | L2 | L2 |
| | | 16-06-03 | 能按执行方案要求检查活动现场准备事宜，包括宣传资料的张贴、指示牌的摆放、物料准备、活动前场地卫生清扫、舞台、背景、音响、人员到位情况等 | L2 | L2 |

续上表

| 工作项目/<br>职业素养 | 工作任务/<br>职业素养分类 | | 职业能力<br>（知识、技能、方法、工具、要求） | 学习水平 | |
| --- | --- | --- | --- | --- | --- |
| | | | | 中职<br>L$_i$ | 高职<br>L$_j$ |
| 16<br>活动执行 | 16-07 | 现场管理 | 16-07-01　能按执行方案的要求分发当日的活动流程表到参与活动工作人员手中（包括客户方工作人员） | L1 | L1 |
| | | | 16-07-02　能按执行方案要求管理好现场，如物资的流动、人员安排、活动进展等 | L1 | L1 |
| | | | 16-07-03　能够及时有效地和客户以及其他工作人员沟通 | L2 | L2 |
| | | | 16-07-04　能够及时处理突发情况 | L2 | L2 |
| | 16-08 | 项目总结 | 16-08-01　能按执行方案的要求整理会场资料 | L2 | L2 |
| | | | 16-08-02　及时有效地和媒体相关部门沟通确认 | L2 | L2 |
| | | | 16-08-03　能按执行方案的要求对活动项目的资料进行收集及归档。如合同、策划方案、执行方案、现场照片和录像、媒体剪报、客户评价、执行人员评估等 | L2 | L2 |
| | | | 16-08-04　及时向相关领导提交项目资料并汇报活动的工作情况 | L3 | L3 |
| | | | 16-08-05　参加工作总结大会，撰写对内、对外的总结报告 | L3 | L3 |
| 17<br>设计推广 | 17-01 | 卖点设计 | 17-01-01　具有绿色设计的理念 | L1 | L1 |
| | | | 17-01-02　利用色彩设计有效激发消费者强烈的购买欲 | L1 | L1 |
| | | | 17-01-03　能用文字、图形、色彩等有效的表达方式设计卖点 | L1 | L1 |
| | 17-02 | 陈列设计 | 17-02-01　分析展示内容并规划确定设计形式 | L2 | L2 |
| | | | 17-02-02　设计平面布置图 | L2 | L2 |
| | | | 17-02-03　利用色彩或者元素来牵引欣赏者的视觉 | L1 | L1 |
| | | | 17-02-04　利用由光感折射、光感捕捉、动态光感及明暗差异性等一些特征共性来衬托主题 | L1 | L2 |

续上表

| 工作项目/<br>职业素养 | 工作任务/<br>职业素养分类 | | 职业能力<br>（知识、技能、方法、工具、要求） | | 学习水平 | |
|---|---|---|---|---|---|---|
| | | | | | 中职<br>$L_i$ | 高职<br>$L_j$ |
| 17<br>设计推广 | 17-02 | 陈列设计 | 17-02-05 | 用软件设计制作鸟瞰的立体场景展示图 | L1 | L2 |
| | | | 17-02-06 | 能合理地摆放各类促销广告 | L1 | L2 |
| | | | 17-02-07 | 能合理地选择主题音乐 | L1 | L2 |
| | | | 17-02-08 | 能有效地控制活动现场氛围 | L2 | L1 |
| 18<br>媒体计划执行 | 18-01 | 执行日常媒体工作 | 18-01-01 | 熟悉媒体语言 | L1 | L2 |
| | | | 18-01-02 | 主动与媒体沟通，包括发送 E-mail、打电话、媒体拓展、与记者沟通等 | L1 | L2 |
| | 18-02 | 建立媒体资源 | 18-02-01 | 熟悉媒体市场 | L1 | L2 |
| | | | 18-02-02 | 具备丰富的媒体知识 | L1 | L2 |
| | | | 18-02-03 | 建立一定规模的媒体机构关系网并与主要媒体机构保持经营的、密切的联系并建立良好信誉 | L1 | L2 |
| | | | 18-02-04 | 了解媒体市场的基本构成和价格行情 | L1 | L2 |
| | | | 18-02-05 | 了解各种媒体传播特性和主要媒体机构广告部的运作情况 | L1 | L2 |
| | 18-03 | 媒介策划 | 18-03-01 | 能为广告客户提供广告信息的最佳传播方案 | L1 | L2 |
| | | | 18-03-02 | 根据广告计划，制定广告活动的媒介目标、媒介策略和媒介计划 | L1 | L2 |
| | | | 18-03-03 | 根据客户的要求提供媒介数据库资料，开展必要的媒介调查与分析 | L1 | L2 |
| | | | 18-03-04 | 撰写媒介企划方案 | L1 | L2 |
| | 18-04 | 媒介购买 | 18-04-01 | 能以媒介价格作为谈判依据，为广告主赢得投资效益 | L1 | L2 |
| | | | 18-04-02 | 能制定媒介广告刊播的时间计划与排期 | L1 | L2 |
| | | | 18-04-03 | 购买所选择的媒介载具时间或版面 | L2 | L2 |
| | 18-05 | 评估媒体执行效果 | 18-05-01 | 在媒介计划实施过程中进行全程监督，检查广告的印刷质量或播放频次等 | L2 | L2 |
| | | | 18-05-02 | 检查广告的播出环境 | L2 | L2 |
| | | | 18-05-03 | 制作广告检测报告表 | L2 | L3 |

续上表

| 工作项目/<br>职业素养 | 工作任务/<br>职业素养分类 | | 职业能力<br>（知识、技能、方法、工具、要求） | | 学习水平 | |
|---|---|---|---|---|---|---|
| | | | | | 中职 | 高职 |
| | | | | | $L_i$ | $L_j$ |
| 18<br>媒体计划执行 | 18-06 | 评估广告整体效果 | 18-06-01 | 评估收视效果，包括总收视点、到达率/有效到达率、平均频率、广告份额 | L1 | L2 |
| | | | 18-06-02 | 掌握收视调查的方法 | L1 | L2 |
| | | | 18-06-03 | 了解收视分析指标体系 | L1 | L2 |
| | | | 18-06-04 | 向广告主客户反馈媒介传播的全程监控效果及分析结论 | L1 | L2 |
| 19<br>设计管理 | 19-01 | 团队管理 | 19-01-01 | 能制定有效的管理规章制度 | L1 | L2 |
| | | | 19-01-02 | 能合理分配工作任务 | L1 | L2 |
| | | | 19-01-03 | 能设定有效的工作标准 | L1 | L1 |
| | | | 19-01-04 | 能将长期目标分解成多个短期目标 | L1 | L1 |
| | | | 19-01-05 | 能合理利用公司资源，优化工作流程 | L1 | L1 |
| | | | 19-01-06 | 能充分发挥团队合作精神展开工作 | L1 | L1 |
| | | | 19-01-07 | 能够有效地培养团队 | L1 | L1 |
| | | | 19-01-08 | 能利用绩效评估进行日常工作管理 | L1 | L2 |
| | | | 19-01-09 | 能有效地进行内、外部的协调沟通 | L1 | L2 |
| | | 19-02 | 计划管理 | 19-02-01 | 能设定合理的工作目标，包括明确目标、数字化、有计划、有步骤、有时间限制地执行工作 | L1 | L2 |
| | | | 19-02-02 | 能制订有效的工作计划，包括年度计划、项目计划等 | L1 | L2 |
| | | | 19-02-03 | 能设计甘特图表。如把活动管理各个区域的工作分解成为单个易于管理的任务或活动；对每一个任务设置一个时间段（需要考虑的因素是开始和结束的时间）；设定任务的优先顺序；对于那些特别重要的任务要指定为节点，并在图表中标记出来；每一个任务合理安排人员 | L1 | L2 |
| | | 19-03 | 财务管理 | 19-03-01 | 能编写具体实施方案的费用预算和效果预计分析 | L1 | L2 |
| | | | 19-03-02 | 能有效控制成本 | L1 | L2 |
| | | | 19-03-03 | 合理协调、优化部门资源的分配 | L1 | L2 |

续上表

| 工作项目/<br>职业素养 | 工作任务/<br>职业素养分类 | | 职业能力<br>（知识、技能、方法、工具、要求） | | 学习水平 | |
|---|---|---|---|---|---|---|
| | | | | | 中职<br>$L_i$ | 高职<br>$L_j$ |
| 20<br>客户<br>管理 | 20-01 | 建立<br>客户关系 | 20-01-01 | 有效协调客户关系，准确传达客户的需求 | L1 | L2 |
| | | | 20-01-02 | 建立日程安排、查询预约提醒、快速浏览客户数据有效缩短工作时间 | L1 | L2 |
| | 20-02 | 维护<br>客户关系 | 20-02-01 | 能与客户进行密切互动和沟通 | L1 | L2 |
| | | | 20-02-02 | 能具有高效快捷的执行力 | L1 | L2 |
| | | | 20-02-03 | 能通过优化企业组织体系和业务流程，提高客户满意度和忠诚度 | L1 | L2 |
| 21<br>职业<br>素养 | 21-01 | 自我学习 | 21-01-01 | 能及时通过互联网、微信、微博等方式关注行业信息 | L1 | L1 |
| | | | 21-01-02 | 能关注国内外知名设计机构、主流媒体或个人的资讯及动态 | L1 | L1 |
| | | | 21-01-03 | 能积极参加行业交流会、行业竞赛、各类展览等 | L1 | L1 |
| | | | 21-01-04 | 能养成阅读习惯，阅读专业书籍及杂志 | L1 | L1 |
| | | | 21-01-05 | 能及时对设计素材和相关专业信息进行收集、汇总并分类整理素材库。如行业成功案例、创意想法整理、相关图片收集等 | L1 | L1 |
| | | | 21-01-06 | 能够观察市场，分析行业案例 | L1 | L1 |
| | 21-02 | 沟通交流 | 21-02-01 | 掌握基本的礼仪知识，语言表达能力、归纳概括能力 | L1 | L1 |
| | | | 21-02-02 | 具有一定的写作能力 | L1 | L2 |
| | | | 21-02-03 | 能运用网络或通信设备等方式与客户进行有效沟通 | L1 | L1 |
| | | | 21-02-04 | 能及时有效地向客户传达信息 | L1 | L1 |
| | | | 21-02-05 | 能准确、及时反馈信息给相关部门人员 | L1 | L1 |
| | | | 21-02-06 | 能用语言、文字、图形、多媒体等形式表达自己的意图和见解 | L1 | L2 |

续上表

| 工作项目/<br>职业素养 | 工作任务/<br>职业素养分类 | | 职业能力<br>（知识、技能、方法、工具、要求） | | 学习水平 | |
|---|---|---|---|---|---|---|
| | | | | | 中职 | 高职 |
| | | | | | L$i$ | L$j$ |
| 21<br>职业素养 | 21-02 | 沟通交流 | 21-02-07 | 能在沟通交流过程中善用适当的肢体语言或准确恰当的用词表达情感 | L1 | L2 |
| | | | 21-02-08 | 能借助询问、重复他人的谈话等倾听技巧来理解他人的意思和鼓励他人发言 | L1 | L2 |
| | | | 21-02-09 | 能明确自己的沟通目标、沟通对象与沟通情境，能够换位思考，提高沟通交流意识 | L1 | L2 |
| | | | 21-02-10 | 能以"双赢"为导向，建立或利用内外部的协作关系或联系，有效运用各种沟通方式同有关人员进行沟通交流 | L1 | L2 |
| | | | 21-02-11 | 能在沟通交流中积极聆听并捕捉有效信息 | L1 | L1 |
| | | | 21-02-12 | 能根据情景进行分析、判断 | L1 | L2 |
| | 21-03 | 数字应用 | 21-03-01 | 掌握办公设备、办公软件的使用 | L1 | L1 |
| | | | 21-03-02 | 能从不同信息源获取相关数据信息 | L3 | L2 |
| | | | 21-03-03 | 能读懂图表上的数据 | L1 | L2 |
| | | | 21-03-04 | 能对数据进行分类、汇总 | L2 | L3 |
| | | | 21-03-05 | 能利用办公软件编制统计图、统计表、坐标图、示意图、流程图 | L2 | L3 |
| | | | 21-03-06 | 能利用办公软件对数据进行统计分析 | L1 | L2 |
| | | | 21-03-07 | 能选取适当的方法展示数据信息和计算出来的结果 | L1 | L3 |
| | | | 21-03-08 | 能利用互联网、报纸、杂志、书籍，利用图书馆、阅览室、资料室等渠道获取信息 | L1 | L1 |
| | 21-04 | 革新创新 | 21-04-01 | 具有良好的创新意识，能创造性地开展工作 | L1 | L1 |
| | | | 21-04-02 | 能运用新技术提高工作效率 | L1 | L1 |
| | | | 21-04-03 | 能提出创新想法并形成计划 | L1 | L1 |
| | | | 21-04-04 | 能及时通过互联网、微信、微博等方式关注行业最新发展动态信 | L1 | L1 |

续上表

| 工作项目/<br>职业素养 | 工作任务/<br>职业素养分类 | 职业能力<br>（知识、技能、方法、工具、要求） | | 学习水平 | |
|---|---|---|---|---|---|
| | | | | 中职<br>L$i$ | 高职<br>L$j$ |
| 21<br>职业素养 | 21-05 自主学习 | 21-05-01 | 具有良好的自学习惯 | L1 | L1 |
| | | 21-05-02 | 能通过网络、书籍等方式学习新知识、新技术、新标准 | L1 | L1 |
| | | 21-05-03 | 能经常关注国内外知名设计机构、主流媒体或个人 | L1 | L1 |
| | | 21-05-04 | 能积极参加行业交流会、行业竞赛、各类展览等 | L1 | L1 |
| | | 21-05-05 | 能养成阅读习惯，阅读专业书籍以及杂志 | L1 | L1 |
| | | 21-05-06 | 能及时对设计素材和相关专业信息进行收集、汇总并分类整理素材库。如行业成功案例、创意想法整理、相关图片收集等 | L1 | L1 |
| | 21-06 团队合作 | 21-06-01 | 具有良好的团队合作精神，能在团队中履行个人职责，并能协助、支持团队其他成员工作进行有效合作 | L1 | L1 |
| | | 21-06-02 | 能积极组织或参与增强部门团队凝聚力的活动 | L1 | L1 |
| | | 21-06-03 | 能与上级分享工作信息，乐于为同事解决工作中的问题 | L1 | L1 |
| | | 21-06-04 | 能对别人的工作成绩给予积极的肯定及赞赏 | L1 | L1 |
| | 21-07 解决问题 | 21-07-01 | 具有准确理解问题的能力 | L1 | L1 |
| | | 21-07-02 | 具有观察预见、计划管理、系统思考、辩证思考等能力 | L2 | L1 |
| | | 21-07-03 | 能提供正确而完整的解决问题的方法。有不止一种解决问题的方法 | L2 | L2 |
| | | 21-07-04 | 能为评价问题解决方案设定标准 | L2 | L2 |
| | | 21-07-05 | 客观评价自己的表现 | L1 | L1 |
| | | 21-07-06 | 解决道德难题和冲突的能力 | L5 | L5 |
| | | 21-07-07 | 具备面对困难时保持自我约束力的能力 | L6 | L6 |

续上表

| 工作项目/职业素养 | 工作任务/职业素养分类 | | 职业能力（知识、技能、方法、工具、要求） | 学习水平 | |
|---|---|---|---|---|---|
| | | | | 中职 $L_i$ | 高职 $L_j$ |
| 21 职业素养 | 21-07 解决问题 | 21-07-08 | 具有在完成任务和与人交往的过程中对行为负责的能力 | L1 | L1 |
| | | 21-07-09 | 能根据要求独立完成个案的广告表现，画面视觉表现 | L2 | L2 |
| | | 21-07-10 | 妥善解决客户投诉意见及合理要求 | L3 | L3 |
| | | 21-07-11 | 能及时完成上传下达的工作，保证业务工作顺利有序地开展 | L1 | L1 |
| | | 21-07-12 | 能根据客户需求开展创意设计，独立策划操作项目及提案，有效完成设计任务 | L2 | L2 |
| | | 21-07-13 | 能根据客户要求及广告创意和已有素材，完成公司承接品项目的创意表现 | L2 | L2 |
| | | 21-07-14 | 能准确理解项目策略和风格定位并转化为准确的平面表现 | L2 | L2 |
| | | 21-07-15 | 能根据成本核算，给客户报价 | L3 | L3 |
| | 21-08 信息处理 | 21-08-01 | 掌握信息、资料收集整理的流程与方法 | L2 | L2 |
| | | 21-08-02 | 掌握常用公文写作及文案管理的知识和方法 | L2 | L2 |
| | | 21-08-03 | 能利用互联网对信息收集、存储、解码、提取、应用 | L2 | L2 |
| | | 21-08-04 | 能对信息进行筛选与分类 | L2 | L2 |
| | | 21-08-05 | 具备在海量信息群中归纳总结出有用信息的能力 | L2 | L2 |
| | 21-09 责任（安全）意识 | 21-09-01 | 熟悉广告方面的法律、法规 | L2 | L2 |
| | | 21-09-02 | 能权衡合法与违法的后果 | L2 | L2 |
| | | 21-09-03 | 能遵循社会道德，保守公司商业机密 | L1 | L1 |
| | | 21-09-04 | 能遵守行业制度如值班制度、检查制度、赏罚制度和安全操作规程等 | L1 | L1 |

续上表

| 工作项目/<br>职业素养 | 工作任务/<br>职业素养分类 | | 职业能力<br>（知识、技能、方法、工具、要求） | 学习水平 | |
|---|---|---|---|---|---|
| | | | | 中职<br>$L_i$ | 高职<br>$L_j$ |
| 21 | 21-10 | 工作态度 | 21-10-01 | 能上班时间不做与工作无关的事。如串岗、闲聊嬉闹、玩弄手机、浏览与工作无关的网站等行为 | L1 | L1 |
| | | | 21-10-02 | 能在客户要求时间内完成初稿设计 | L1 | L1 |
| | | | 21-10-03 | 有个人职业生涯规划和明确的目标感 | L1 | L1 |
| | 职业素养 | | 21-11-01 | 熟悉美术理论知识 | L1 | L1 |
| | 21-11 | 专业知识与技能 | 21-11-02 | 掌握形式美法则。如对比、类比、夸张、对称、主次、明暗、变异、重复、矛盾、放射、节奏、粗细、冷暖、面积等形式 | L1 | L1 |
| | | | 21-11-03 | 了解色彩的情感特征 | L1 | L1 |
| | | | 21-11-04 | 能用手绘的形式表现创意 | L1 | L1 |
| | | | 21-11-05 | 能选择恰当的创意设计手法完成创意方案，如富于幽默法、突出特征法、对比衬托法、合理夸张法、以小见大法、运用联想法 | L2 | L2 |
| | | | 21-11-06 | 能掌握摄影摄像知识，使用摄影摄像器材 | L1 | L1 |
| | | | 21-11-07 | 能熟练运用 Photoshop、Illustrator、CorelDRAW、Flash、Dreamweaver、PageMaker 等平面软件处理图形、编辑文字、设计平面展开图和展示的效果图等 | L1 | L1 |
| | | | 21-11-08 | 能使用 AE、AutoCAD、3dMAX 以及办公软件 | L1 | L1 |
| | | | 21-11-09 | 熟悉印刷工艺 | L1 | L1 |
| | | | 21-11-10 | 熟悉印刷材料 | L1 | L1 |
| | | | 21-11-11 | 能用 Flash 等平面设计软件设计文字、图片、声音、视屏网页动画 | L1 | L2 |
| | | | 21-11-12 | 能用 gif 格式图片设计简单的广告 | L1 | L2 |
| | | | 21-11-13 | 能用视屏软件剪切编辑视屏素材 | L1 | L2 |
| | | | 21-11-14 | 用各种滤镜设计特效 | L1 | L2 |

续上表

| 工作项目/职业素养 | 工作任务/职业素养分类 | | 职业能力（知识、技能、方法、工具、要求） | 学习水平 | |
|---|---|---|---|---|---|
| | | | | 中职 $L_i$ | 高职 $L_j$ |
| 21 职业素养 | 21-11 专业知识与技能 | 21-11-15 | 在网页中插入动画元素（视屏、音乐等） | L1 | L2 |
| | | 21-11-16 | 能掌握头脑风暴法的基本程序（确定议题、会前准备、确定人选） | L1 | L2 |
| | | 21-11-17 | 能掌握各种头脑风暴法，如问题求解法，可以利用的求解工具有：头脑风暴法、流程图、事件描述板、因果图、柏拉图、图形/图与卡/控制图、散布图、直方图、正态分布与能力分析等 | L2 | L2 |
| | | 21-11-18 | 掌握广告策划、画册、折页、海报、宣传页、VI形象设计等基本知识 | L1 | L1 |
| | | 21-11-19 | 熟悉印刷工艺流程、装订方式 | L1 | L1 |
| | | 21-11-20 | 熟悉基本印刷知识，如输出、印前制作、后期制作流程等印刷常识 | L1 | L1 |
| | 21-12 应用外语 | 21-12-01 | 熟悉广告设计专业相关专业术语 | L1 | L2 |

注："学习水平"的中职 $L_i$ 的 $i$ 对应职业生涯发展路径中中职的发展层级，若是第Ⅱ层级，则用 $L_2$ 表示；若是第Ⅲ层级，则用 $L_3$ 表示。同理，高职 $L_j$ 的 $j$ 对应职业生涯发展路径表中高职的发展层级，若是第Ⅱ层级，则用 $L_2$ 表示；若是第Ⅲ层级，则用 $L_3$ 表示。

## 2. 项目结题证书

# 结题证书

项目类别：第二批中高职衔接专业教学标准和课程标准研制项目

项目名称：广告设计与制作专业中高职衔接专业教学标准和课程标准研制

负 责 人：廖荣盛　蔡 蕾　席海强

主要参加人：钟卓丽　吕 波　李蓟宁　卢迅凡　张 燕
　　　　　　卢小鸣　陈在伟　余春桂　梁宪宗
　　　　　　刘小洪　周 昊　肖文婷

经评审，本项目验收结论为合格，准予结题，特发此证。

广东省教育厅
2017年3月28日

证书编号：ZGXJBZ201703